元華文創

宋代《崇文總目》之研究

《崇文總目》是北宋官方一部重要的藏書目錄,是對北宋前期,

主要是太祖、太宗、真宗三朝大力收集歷史文獻的總結。

此目上承《開元群書目錄》、下啟《四庫提要》,頗足為後世編製目錄者所效法。

張圍東———著

自 序

研究歷史者在觀察目錄學所著重的，在於「辨章學術、考鏡源流」，而成為學術史的重要參考工具。目錄是書的歷史；而目錄學的發展，就是學術史的發展。

歷代政府都有編纂目錄的經驗，而宋代政府的官修目錄是在當時政治、經濟、文化的需求下，以及雕版印刷逐漸發展的情況下和唐代目錄工作的豐富經驗累積下建成。宋代將三館秘閣做為培養學術人才和高級官吏的文化機構比唐代更為突出，其學士、校理、校勘大多是從科第中選出來的優秀人才，能有較優裕的時間和較高的學識，從事補充圖書、整理圖書。

宋代還有一個特點，就是每隔三朝兩朝就纂修一次國史，便將政府圖書館各庫藏目錄集中整理一次，編成國史藝文志。《崇文總目》就是在這些有利的條件下編纂出來的。

當宋仁宗景祐元年（一○三四）決定編製國家的系統目錄——《崇文總目》時，便在崇文院內成立了獨立的機構，以三館（昭文館、史館、集賢院）及秘閣中有圖書目錄專才之人做基礎，任命王堯臣、歐陽修等，利用四館的藏書，經過七年的時間，於慶曆元年（一○四一）編成《崇文總目》六十六卷、敘錄一卷，共著錄圖書三萬六百六十九卷。

《崇文總目》是北宋政府一部重要的藏書目錄，它的纂修，是對北宋前期，主要是太祖、太宗、真宗三朝大力收集歷史文獻

的總結。此目上承《開元群書目錄》、下啟《四庫提要》，其雖已遺佚，然就其殘存者視之，足以為後世編製目錄者所效法。

　　《崇文總目》編成以後，得到許多目錄學家的讚許；也受到一些人的抨擊，但它對宋代圖書的補缺、辨別圖書存亡、真偽等方面都起著重要作用。它的分類和著錄的方法對後世圖書分類和著錄，以及目錄學研究都有深遠的影響，在我國目錄學史上應給予應有的地位。全書凡分六章：

　　第一章「緒論」：首先敘述宋代官修目錄的發展及其特色，並逐一說明本書研究之目的、範圍與研究取材及方法，並確立研究之方向，然後就相關文獻做一探討，瞭解當前所研究的成果，並加以分析與補充。

　　第二章「宋代官府藏書」：共分三節，敘述官府藏書的體系與特色，圖籍的蒐集與整理，以期瞭解宋代圖書的來源、政府詔購圖籍的方式及整理圖書的情況。

　　第三章「《崇文總目》與館閣制度」：共分二節，分述宋代三館一閣的建置目的，以及分析館職的設置情況，並且說明宋代館職的特色，以期瞭解館閣在宋代所佔的地位及其所扮演的角色。

　　第四章「《崇文總目》之纂修」：共分四節，分述《崇文總目》的纂修過程；並對纂修作者逐一介紹，最後對於《崇文總目》卷數及傳本的記載與流傳，詳加分析與說明，並對錢輯釋本的得失作一番探討，以期瞭解《崇文總目》卷數及傳本流傳經過。

　　第五章「《崇文總目》之分類與體制」：共分三節，旨在分析《崇文總目》的分類及其特色，並與《漢書‧藝文志》、《隋書‧經籍志》、《舊唐書‧經籍志》、《新唐書‧藝文志》比較

分類之異同，最後對於《崇文總目》的體制加以探討與分析。

　　第六章「《崇文總目》之評價」：共分三節，首先對《崇文總目》本身的優缺點加以分析，並對《崇文總目》的功用分項探討，也針對《崇文總目》對後世的利用情形加以敘述，以瞭解《崇文總目》在目錄學上的功能；並總結及重申各章節的考察與心得，並綜合各項意見，說明《崇文總目》在目錄學史上的意義與地位。

　　本書不但可以提供文獻目錄教學使用，也可提供後面編纂書目的參考。惟因本書撰稿時間倉促，且作者學識有限，見聞狹隘，恐多有疏誤之處，尚祈同道，不吝賜正，無紉感謝。

目 次

圖表目次

第一章　緒論

　　歷史上各個時代的目錄學，都反映在各時代文獻全貌中。唐代經濟和文化的發展，目錄工作和目錄學研究的成就，為宋代目錄學的發展奠定良好基礎。

　　宋代是我國目錄學史上的一個重要時期。由於雕版印刷術的發明而促進書籍的流通，為目錄學的發展提供了客觀物質條件。目錄學本身的發展，到了宋代，也已經進入成熟的階段。無論是官修目錄、史志目錄還是私藏目錄，在宋代都要比前代豐富得多。因此，宋代目錄學以不同於其他時代的獨特風格，在目錄學史上寫下了輝煌的一頁，為我國目錄學的演進與發展也有若干新的貢獻。

　　漢劉向、歆父子所創的《七略》分類法，由魏晉時期所創的四部分類法所取代，在宋代官修目錄，大抵皆遵循《隋書‧經籍志》以來的四部分類法，而沒有重大的改變，僅在類目方面略事增訂而已。在體制方面，尚能沿襲盛唐時期的目錄，有小序與敘釋。

　　宋代三百多年間，許多學者在前代的基礎上進行努力和深入探討，取得了引人注目的成就，使宋代目錄學發展出多元化的方向。

　　宋初三館（昭文館、史館、集賢院）藏書僅有萬餘卷，宋代在恢復和發展社會經濟的同時，就十分注重整理國家藏書。梁啟

超也曾說：「北宋整理官書，歷世不怠。」[1]依據汪辟疆《目錄學研究》一書統計，宋代官修藏書目錄就達十五種左右，這是以往各朝代所無法比擬的。在宋代官修目錄中，尤以《崇文總目》最為突出，可以作為這一時期官修目錄的代表。除此之外，比較有影響的還有《中興館閣書目》和《中興館閣續書目》。

　　《崇文總目》仿唐代《群書四部錄》而編成，為我國現存最早的官修目錄。在宋代現存的主要目錄中，唯有《崇文總目》能反映北宋國家藏書的情況。《崇文總目》的另一成就是在前代奠定四分法的基礎上發揚光大，建立更為完備的分類體系，對後來的官私目錄產生很大的影響。《崇文總目》的成就，還突顯在解題上，清朱彝尊在其《曝書亭集》卷四四解題中指出「辭不費，而每書之本末具見，法至善矣。」[2]

　　宋神宗時將崇文院館閣改名曰秘書省。據《文獻通考‧經籍考》卷一七四得知，宋徽宗時，原《崇文總目》所收之書，已頗有散佚。經過求訪，到宋徽宗政和七年（一一一七），於原有書籍之外又增加了數百家，超過萬餘卷。更《崇文總目》名為《秘書總目》，此目今亦不傳。[3]高宗南渡後，依據搜訪圖籍，於孝宗淳熙四年（一一七七），秘書少監陳騤仿《崇文總目》類次，編

---

[1] 梁啟超著，《圖書大辭典‧簿錄之部》（臺北市：臺灣中華，民國四十七年六月臺一版），頁二二。吳芹芳、謝泉著，《中國古代的藏書印》，武昌：武漢大學出版社，2015，頁一二七。

[2] （清）朱彝尊撰，《曝書亭集》卷四四〈崇文書目跋〉（臺北市：臺灣商務，民國五十七年），頁七三三。

[3] （元）馬端臨撰，《文獻通考》卷一七四〈經籍一〉（臺北市：新文豐，民國七十五年），頁一五〇九。

纂《中興館閣書目》七十卷、序例一卷，著錄圖書四四、四八六卷和寧宗嘉定十三年（一二二〇）秘書丞張攀等校理館閣藏書，將淳熙以後所續得的書籍，加以纂輯而成《中興館閣續書目》三十卷，著錄圖書一四、九四三卷，此二目也不傳[4]，現有民國二十一年趙士煒輯《中興館閣書目輯考》五卷和《中興館閣續書目輯考》一卷。[5]

　　依據王應麟《玉海》卷五二和周密《齊東野語》卷十二等書所載，其目凡分四部五十二門，比《崇文總目》增多七類。它們皆仿《崇文總目》之例，有敘錄及小序，陳振孫批評此目考究疏謬、草率尤甚，遠不及《崇文總目》。[6]儘管如此，此二目可作為反映南宋國家藏書狀況的官修目錄，並為宋代國史藝文志奠定了基礎，在宋代目錄學發展上有一定的貢獻，對後來王應麟《玉海·藝文》和馬端臨《文獻通考·經籍考》採用輯錄體解題的方式有所啟示。

　　宋代的官修目錄，有以下兩點值得注意：

　　一、闕書目錄的編製：闕書目錄乃用以搜求遺書之目錄。又稱求遺目錄。就史志所載者考之，是類目錄當以《隋書·經籍志》著錄之《魏闕書目錄》一卷為最早。其序云：「孝文徙都洛邑，

4　（宋）王應麟撰，《玉海》卷五二〈淳熙中興館閣書目·嘉定續書目〉（收入《文淵閣四庫全書》第九四四冊，臺北市：臺灣商務，民國七十二年），頁四一五～四一六。

5　趙士煒輯《宋史藝文志附編》〈中興館閣書目輯考序〉，（收入《書目類編》，臺北市：成文，民國六十七年七月），頁五九二～五九四。

6　（宋）陳振孫撰，《直齋書錄解題》卷八（臺北市：廣文，民國五十六年）。

借書於齊，秘府之中，稍以充實。」[7]則此錄或即孝文帝向南齊明帝借書之用矣。

唐曾有搜訪圖書的目錄，據《宋史・藝文志》載有《唐四庫搜訪圖書目》一卷，《舊唐書・經籍志》《新唐書・藝文志》皆不載。而宋代的闕書目錄具有兩大特點：

（一）北宋曾多次編製闕書目錄，除宋初太平興國、嘉祐時，編有搜訪書目已見著錄外，到北宋末期的宣和時期，還曾下令搜訪募獻館閣缺書，則自應編有闕書目錄。

（二）編製闕書目錄，不僅參校館閣藏書目錄，往往還參驗士庶私人和州郡藏書目錄，擴大搜訪範圍。

搜缺補遺的前提是清點藏書，訪求漸備的目的是補充庫藏，進而為刊正訛謬善本異本。為校而求，求到必校。校前清點，有缺必錄。宋代大量編製搜訪書目，構成當時圖書校勘整理事業和目錄編製事業繁榮的一面。其意義和作用，都是不能低估的。

二、編目與圖書審查相結合：宋代整理藏書時，編目往往是第一道工序，因為當時所謂的編次圖書，是同時包含圖書審查在內。一書是否需要整理，在編目時就要定下來。例如：《崇文總目》的編製過程，同時就是審查資料的過程，要求主其事者將正副本看樣，定其存廢，偽謬重複，並行刪去，內有差漏者，令補寫校對。所以，《崇文總目》的編製，本身就是對當時國家藏書的一次全面審查。編製《崇文總目》，並不意味著整理工作的結

7　（唐）魏徵等撰，《隋書》卷三二〈經籍一〉（臺北市：鼎文，民國六十四年三月），頁九○七。

束。恰巧相反，由於圖書審查，引起新的校理任務。因而，編目與圖書審查相結合，是校書的準備階段。被《崇文總目》編者刪去之書，後世固莫之見。不過，《崇文總目》中確有定存廢的痕跡可尋。在《崇文總目》中就有這樣的記載：

> 《春秋龜鑒》一卷，不著撰人名氏。述春秋、周及諸侯世次，齊魯大國公子公孫，初不詳備，其後傳寫，又失次敘，今存以備討閱。[8]

這應是介於存廢之間而勉為登錄的例子。

　　審查並著為目錄而不讎正的例子，也在北宋出現。寶元二年（一〇三九），學士院、司天監同定《禁書目錄》一卷，便係如此。[9]先編後校，編目與圖書審查相結合，通過編目發現圖書中存在的問題，編目與校讎在一個機構中，這些都是目錄學還沒有完全獨立的表現。實際上，編目是一個獨立環節。以《崇文總目》為例，又是將崇文、秘閣四館書合併著錄，這又超出諸館校定文字的範圍。這種統一編目的現象，正是目錄學獨立的趨勢之一。

　　宋代十分注重修撰本朝歷史，就是所謂國史，而每種國史又都有藝文志。這就在目錄事業發展史上開創了寫當代史志目錄的

8　（清）錢侗等輯，《崇文總目輯釋》卷一（臺北市：廣文，民國五十七年三月），頁九四～九五。

9　（元）脫脫等纂，《宋史·藝文志》卷三（臺北市：臺灣商務，民國五十五年三月臺一版），頁五三。

先例。

　　宋代的史志目錄，除了傳統的記一代藏書之盛的《新唐書‧藝文志》外，首次出現了在中國目錄學史上自成一體的當朝國史藝文志，並且產生了一部通史藝文志——鄭樵《通志‧藝文略》。

　　歐陽修等撰《新唐書‧藝文志》時，曾依據當時的具體情況，對史志目錄的編纂方法做了一些變通，首創未著錄方法。由於劉昫等撰《舊唐書‧經籍志》只依據《古今書錄》，對開元以後新出的著作則以「不欲雜其本部」為藉口，不予著錄。[10]雖因《古今書錄》已佚，對保存其原貌是有貢獻的，但卻抹殺了開元至唐末近二百年的著述，不能完整的反映有唐一代的藏書和著述概況，參考價值卻因此而降低。梁啟超斥之曰：「諸史志中體例尤窳劣者無過本志。」[11]歐陽修等人為彌補《舊唐書‧經籍志》的缺失，在編纂《新唐書‧藝文志》時，為保存《古今書錄》的原有著錄的情況下，變通了《漢書‧藝文志》自注、錄注和來注的方法，首創未著錄方法，補錄了二萬多卷唐人的著述，更完備的反映唐代的藏書和著述概況，從而提高其參考價值，這為後代補史藝文志提供了方法，也可以說是後世補史藝文志的開端。歐陽修在《新唐書‧藝文志》中對目錄體例所做的改進工作，在目錄學史上有著重要意義，它繼承《漢書‧藝文志》、《隋書‧經籍志》的傳統，又對宋、元時期國史經籍志和鄭樵《校讎略》等目錄學名

10　（後唐）劉昫撰，《舊唐書‧經籍志》序（臺北市：臺灣商務，民國七十年一月臺五版）。

11　同註1，頁二〇。

著的編纂有一定的影響。後來的《宋史‧藝文志》就採用這種方法
在四部宋代國史藝文志的基礎上補錄宋寧宗以後圖書，計補錄一
八六部、四○六二卷。

　　宋代史志目錄的另一大貢獻，就是在我國目錄學史上首創編
撰當代史志目錄的先例。宋代的官修目錄十分發達，為史志目錄
提供良好的基礎。宋代的國史藝文志據記載共有七種，其中三種
南宋時已廢佚，僅餘四種，分述如下：

　　一、呂夷簡等撰，《三朝（太祖、太宗、真宗）國史藝文志》，
著錄建隆至大中祥符年間（九六○至一○一六）的政府藏書三六、
二八○卷。

　　二、王珪等撰，《兩朝（仁宗、英宗）國史藝文志》，它係
神宗熙寧十年至元豐五年間（一○七七至一○八二）宋敏求等依據
《崇文總目》和崇文院新補充的圖書資料，除前志所載，刪去重
複訛謬編修而成，著錄《三朝（太祖、太宗、真宗）國史藝文志》
未收的新書八、四九四卷。

　　三、李燾等撰，《四朝（神宗、哲宗、徽宗、欽宗）國史藝
文志》，凡著錄一、四四三部、二五、二五四卷。

　　四、不著撰人，《中興（高宗、孝宗、光宗、寧宗）國史藝
文志》。[12]

　　上述國史藝文志，在《宋史‧藝文志》中亦有記載：

---

[12] 來新夏著，《古典目錄學》（北京市：中華，一九九一年三月），頁二○六。

　　　　始太祖、太宗、真宗三朝三千三百二十七部、三萬九千
一百四十二卷。次仁、英宗兩朝一千四百七十二部、八千四
百四十六卷。次神、哲、徽、欽宗四朝一千九百六部、二萬
六千二百八十九卷。三朝所錄，則兩朝不復登載，而錄其所
未者，四朝於兩朝亦然。[13]

這些史志目錄今已亡佚，但尚能依據其他記載略知其大要：

　　一、每類有小序，每書有解題。據余嘉錫所著《目錄學發微》
中說：

　　　　宋人所修國史藝文志，皆有部類小序，與漢、隋志同，
亦頗有所發明，同時每書有解題，此異於歷代正史藝文志。[14]

　　二、晁、陳志錄均曾著錄宋國史。[15]可見並非僅由官藏，民
間也有副本流傳，則各種史志目錄也隨之傳佈。

　　三、各志可能都以國家藏書目錄為主要依據，《三朝志》所
據當為咸平三年（一〇〇〇）由朱昂、杜鎬等編撰之《咸平館閣
書目》；《兩朝志》所據當為慶曆元年（一〇四一）由王堯臣、

---

[13] （元）脫脫等纂，《宋史・藝文志》序，頁二～三。

[14] 余嘉錫著，《目錄學發微》（臺北市：藝文，民國六十三年四月），頁六三。

[15] （宋）陳振孫撰，《直齋書錄解題》卷四（臺北市：臺灣商務，民國二十六年），
　　頁九九～一〇〇。

　　（宋）晁公武撰，《郡齋讀書志》卷二下（臺北市：臺灣商務，民國五十七年），
　　頁一一〇～一一一。

歐陽修等編撰之《崇文總目》；《四朝志》所據當為政和七年（一一一七）由孫覿、倪濤編撰之《秘書總目》，而《中興志》則據陳、張正續《中興館閣書目》詮次而成。[16]

　　四、三朝、兩朝、四朝各志均不重複登錄，而僅登錄前未有者，即《宋史・藝文志》所載歷朝國史藝文志登錄圖書卷數雖有差異，然出入不大。唯獨《中興志》因係南渡後重收圖書所編，所以重複登錄者多。[17]

　　另外，這些國史藝文志從主持其事者及所登錄的藏書來看，具有國家藏書目錄的性質，但它附於各朝國史，又可算作一種當代史志目錄。[18]雖然上述四種國史藝文志已亡佚，但《玉海・藝文》和《文獻通考・經籍考》都有所徵引。在《宋史・藝文志》序中對這四部國史藝文志刪去重複、合為一志有所說明，其序云：

　　　　自太祖至寧宗，為書凡四。志藝文者，前後部帙有亡，
　　　　增損互有異同，今刪其重復，合為一志。[19]

其序雖云已「刪其重複」，但是重複顛倒者，不可枚數。依據《四庫全書總目提要》云：「厥後托克托等作《宋史・藝文志》，紕

---

[16] 趙士煒，〈宋國史藝文志輯本序〉，《圖書館學季刊》第七卷第二期，民國二十二年六月，頁三四○。

[17] 同上註。

[18] 來新夏著，《古典目錄學》，頁二○七。

[19] （元）脫脫等纂，《宋史・藝文志》序，頁三。

漏顛倒，瑕隙百出，於諸史中最為叢脞。」[20]雖然如此，這四部
國史藝文志為《宋史‧藝文志》奠定了基礎，但由於它們各自為
書、編類不同，這又增添《宋史‧藝文志》在編纂上的困難。至
於南宋鄭樵所撰的《通志‧藝文略》，是我國第一部通史藝文志，
首創十二大類完備的分類體系，衝破四分法的束縛，對這類藝文
志的收書範圍、方法等方面，都有獨到的見解，對後世產生很大
的影響。

　　宋代政府的官修目錄是在當時政治、經濟、文化的需求下，
在雕版印刷逐漸發展的情況下和唐代目錄工作的豐富經驗下建
成。宋代將三館秘閣做為培養學術人才和高級官吏的文化機構比
唐代更為突出，其學士、校理、校勘大多是從科第中選出來的優
秀人才，能有較優裕的時間和較高的學識，從事補充圖書、整理
圖書。宋代還有一個特點，就是每隔三朝兩朝就纂修一次國史，
便將政府圖書館各庫藏目錄集中整理一次，編成國史藝文志。《崇
文總目》就是在這些有利的條件下編纂出來的。

　　《崇文總目》是宋代官方重要的一部藏書目錄，它的纂修，
是對北宋前期，主要是太祖、太宗、真宗三朝大力蒐集歷史文獻
的總結。宋仁宗景祐元年（一○三四）曾命張觀、宋祁等審查三
館（昭文館、史館、集賢院）和秘閣的政府藏書，進行刪謬補漏
的工作，另命王堯臣、歐陽修等仿照唐代開元四部錄的體例詳加
著錄，於慶曆元年（一○四一）編纂修成，賜名為《崇文總目》。

---

[20] （清）永瑢、紀昀等纂，《四庫全書總目提要》卷八十五、史部目錄類一（臺
北市：臺灣商務，民國七十二年十月）。

此目共六十六卷，再將所收錄的三萬六百六十九卷圖書，分為四部四十五類，包含經部九類、史部十三類、子部二十類、集部三類。

《崇文總目》元初已無定本，明代及清初只有簡目，一直到清修《四庫全書》時，才開始從《永樂大典》中輯出十二卷；清嘉慶四年（一七九九），又有錢侗等人從《歐陽文忠全集》、《玉海》、《文獻通考》中輯成輯釋五卷、補遺一卷。

《崇文總目》對於瞭解當時的藏書事業、檢驗古籍的完缺存佚，有著重要的參考價值。以下分述本書之研究目的及範圍、研究取材及方法、相關文獻探討。

第一節　研究目的及範圍

我國的目錄學淵源於漢代劉氏向、歆父子的《別錄》、《七略》。依據《別錄》、《七略》撰者的宗旨，則可以知道著作一部目錄，必定先要通盤瞭解一代學術的大勢，及各學派與各書的宗旨，而後乃可以將雜亂無序的圖書部次類居，才能免除凌亂失紀、雜而寡要的弊端。使人一讀目錄，就可以知道某項學術屬於哪一家，某書屬於哪一派。而對於古今學術的興衰隆替，作者的得失優劣，都可以從目錄中考索而得。所以，目錄學是以圖書為研究對象的一門學科，亦是詳分類例來部次群書，並進一步推闡各書的旨要，辨學術的源流本末，誌版本的異同優劣，使閱者能夠即類而知道學問，因學問而知道求書，求書時知道選擇版本的

一種專門學術。因而,在古代這門學科稱為校讎學,舉凡圖書的採訪方法、選本、校勘、分類及編撰目錄等,都是它研究的對象。

目錄學的功用甚為廣泛,無論是初涉門徑或研究治學,都需用藉以取資,所以歷代學者,尤其是清代學者十分強調目錄學的重要性。清代史學家王鳴盛在《十七史商榷》序中說:「目錄之學,學中第一要緊,必從此問途,方能得其門而入。」[21]同書卷七又說:「凡讀書,最切要者目錄之學。目錄明,方可讀書;不明,終是亂讀。」[22]此言治學之士,無不先從目錄學以窺學術堂奧,較之其他學科,尤為重要。宋翔鳳有云:

> 自目錄學興,而古今載籍存亡之數,可得而參稽。凡師儒學術盛衰之源,亦有所考鏡。[23]

此乃目錄學之汎義。張之洞在《書目答問·略例》中說:

> 讀書不知要領,勞而無功;知某書宜讀,而不得精校精注本事倍功半。[24]

---

[21] (清)王鳴盛撰,《十七史商榷》序(臺北市:樂天,民國六十一年五月)。

[22] (清)王鳴盛撰,《十七史商榷》卷七。

[23] (清)瞿鏞編,《鐵琴銅劍樓藏書目錄》序(臺北市:廣文,民國五十六年八月),頁一。

[24] (清)張之洞著,《書目答問·略例》(臺北市:臺灣商務,民國五十七年三月臺一版),頁一。

目錄學就像一把鑰匙，通過它，才能打開書籍寶庫的門徑。目錄學無論在過去或現在，對於深入進行某門學術研究，是非常重要的。當代史學家陳垣有云：

> 懂得目錄學，則對中國歷史書籍，大體上能心中有數，目錄學就是歷史書籍介紹，它使我們大概知道有什麼書，也就是使我們知道都有什麼文化遺產，看看祖遺的歷史著作倉庫有什麼存貨，要調查研究一下……，目錄學就好像一個帳本，打開帳本，前人留給我們的歷史著作概況，可以了然。古人都有什麼研究成果，要先摸摸底，到深入鑽研時，才能有門徑，找自己所需要的資料，也就可以容易找到了。[25]

他把目錄學的功用說得簡明扼要。因此，懂得運用有關目錄學方面的各種工具書，也是必須具備的條件之一。中國目錄學的始祖劉向、劉歆父子在編《別錄》、《七略》時能推闡大義，條別學術異同，使人由委溯流。這也就是要熟知目錄，成為治史六要之首的重要原因。

《崇文總目》為現存宋代公藏書目之一。記一代流籍甚備，敘釋亦多，甚具識見。對於瞭解的宋代政府藏書事業、檢驗古籍的完缺存佚，有著重要的參考價值。因而，對《崇文總目》本身值得去做深入的探討，並且分析體例及其分類；針對其纂修過程

---

[25] 陳垣，〈與畢業同學談談我的一些讀書經驗〉，《中國青年》第十六期，一九六一年，頁三。

及其背景做一詳細的敘述，從而瞭解宋代官府藏書與《崇文總目》之間的相互關係，進而分析研究宋代目錄學發展的特點及其影響，並找出宋代目錄學產生和發展的一般規律，這正是本書研究的真正目的。

在其研究範圍中，本書係就兩部分來探討《崇文總目》，第一、先行瞭解《崇文總目》本身產生的背景及分類體制；第二、研究分析《崇文總目》對學術研究的影響；並側重以下數端，作為研究的重心。

一、宋代官府藏書的體系及圖籍的蒐集整理。主要分析宋代藏書體系——昭文館、史館、集賢院、秘閣合為一體及宮庭殿閣藏書情形，並深入探討宋代帝王對圖籍的整理與重視，透過宋代政府對圖籍的蒐集與整理，以期瞭解宋代館閣藏書與《崇文總目》之間的密切關係。

二、《崇文總目》與館閣制度。分別敘述崇文院及四館的人員，瞭解宋代館閣機構及館職設置的目的，透過纂修機構的運作，分析其重要性。

三、《崇文總目》的纂修。分別敘述《崇文總目》纂修的過程及其作者，並依據宋代各家藏書目錄及清代《四庫全書》、清錢輯釋本等，對《崇文總目》的卷數與輯本作一探討，瞭解總括宋初書籍狀況及古籍的完缺存佚。

四、《崇文總目》分類及體制的考釋。透過類目的調整與增減，以及解題的編制，足以得知分類體制的專業化。

五、《崇文總目》的評價。透過各家藏書目對《崇文總目》之糾正與批評，並據所評來探討《崇文總目》在目錄學上的價值

與地位。

　　六、《崇文總目》作為今後治學的價值尚多，從其本身的整理及筆者可資利用之資料價值，可究明今後的參考研究，可供今後研究的一大方向。

　　上舉六端，前四項係就《崇文總目》成書的背景及其館閣制度作一探究，就其纂修的過程及作者加以敘述，並對其卷數及傳本加以考證，針對其分類體制加以分析，並補充前人未竟之意；後二項則對《崇文總目》在學術研究上如何發揮其實用價值，以便達到學術研究之目的。

第二節　研究取材及方法

　　前代學者對於《崇文總目》之研究，或考其纂修，或訪其殘卷，或開列輯本，皆有獨到之處，然而大都無法深入觸其核心來探究，本書依據四庫輯本及錢輯釋本，並參照各種史料加以探討及研究，以期瞭解《崇文總目》的重要性。

　　本書所採資料來源，以輯《永樂大典》本（四庫本）《崇文總目》十二卷及粵雅堂本清錢侗等輯釋《崇文總目》五卷、補遺一卷、附錄一卷為主要依據。此外；宋至清人文集、筆記、史傳及藏書史中有關於《崇文總目》之記載，並引用宋至清各家書目，或為所考書目，以及民國以來目錄學專著、並蒐集整理臺灣、大陸學者在此方面之論述資料，皆蒐錄採用，並加以分析與探究。

　　本書之撰寫，首先蒐集《崇文總目》研究的相關文獻資料，

以求掌握研究《崇文總目》之資源,並瞭解前代學者研究的情形。文內多為書目引徵,皆屬目錄學整理方法之運用。篇內採歷史研究法,以目錄學理論為基礎,並運用採集之文獻資料,加以歸納佐證、統計分析、比較;衡證諸史學方法參酌使用,深入對《崇文總目》作一番探討與研究,作為今後目錄學研究參考之依據。

第三節　文獻探討

　　宋代因學術昌明、雕版印刷盛行、校勘甚力、公私藏書多,除了圖書外亦有金石、書畫、花蟲、酒茶、器物等非書資料目錄,此諸多因素致使宋代公私所撰的書目、文獻可考者近百種,然實際上應數倍於此,可惜今多亡佚,所幸尚有傳本或輯本者將近四十種,這些資料或單行、或收入叢書、或自一書中裁出,都有助於考證,為圖書文獻、學術研究之重要資料。

　　宋世之公私藏書目錄,今仍見載者有《崇文總目》、《新唐書·藝文志》、《通志·藝文略》、《郡齋讀書志》、《直齋書錄解題》、《遂初堂書目》等諸書,宋人目錄雖多,但傳世者無幾。官書若《崇文總目》,已非完本。私家藏書目錄,僅存《郡齋讀書志》、《直齋書錄解題》、《遂初堂書目》三種,尚可藉此考見宋時典籍之存佚,故為考證家所重視。故《四庫全書總目提要》卷八五、史部、目錄類一載:

　　　　《崇文總目》十二卷,《永樂大典》本,宋王堯臣等奉

敕撰。宋人官私書目存於今者四家，晁氏、陳氏二目，諸家
藉為考證之資，而尤袤《遂初堂書目》及此書則若存若亡，
幾希湮滅，是亦有說無說之明效矣。[26]

　　然《四庫全書總目》謂「宋人官私書目存於今者四家」，其說未
盡諦，不備論，而宋歐陽修之《新唐書‧藝文志》、鄭樵之《通
志‧藝文略》，也都是至今尚存的宋人目錄。

　　由宋末以迄今世，前人對《崇文總目》之研究，多偏重於分
類體例方面，對於其體例以外的著述，則寥若無幾，而言及研究
並撰成專著流傳，可供研究與討論，則更鳳毛麟角，屈指可數。
但是詳細研治《崇文總目》宋末以來均無其人，只有在談論到宋
代目錄學時附加一提，但在歷來典籍中仍保存有珍貴的史料，如
（宋）李燾《續資治通鑑長編》、（宋）程俱《麟臺故事》、（宋）
王應麟《玉海‧藝文》、（宋）鄭樵《通志‧藝文略》、（元）
脫脫《宋史‧藝文志》、（元）馬端臨《文獻通考‧經籍考》、
（清）畢沅《續資治通鑑》、（清）徐乾學《資治通鑑後編》、
（清）徐松《宋會要輯稿》等，都可直接提供參考與研究。

　　在筆記、小說及文集中，也有較高的史料價值，如（宋）楊
萬里《誠齋揮麈錄》、（宋）王明清《揮麈錄》、（宋）黃伯思
《東觀餘論》、（宋）江少虞《宋朝事實類苑》、（宋）洪邁《容
齋隨筆》、（宋）歐陽修《文忠集》、（清）朱彝尊《曝書亭集》、

---

[26] 同註 20。

（清）杭世駿《道古堂文集》、（清）錢大昕《潛研堂文集》和《十駕齋養新錄》等。

另外在藏書目錄中，如晁公武《郡齋讀書志》、陳振孫《直齋書錄解題》及清《四庫全書總目》等，皆可提供研究的資料。

現今國內學者研究《崇文總目》者，首推喬衍琯教授。在專書部分，《宋代書目考》於民國七十六年四月由文史哲出版社出版，此書專門考察宋代之圖書目錄，除了緒言與結論之外，分為四章，第一章官錄，第二章史志，第三章學科書目，第四章私藏書目，書末附有主要參考書目，本書在第一章中論述《崇文總目》，對於其目有簡略的探討。

在論文部分有：

（一）喬衍琯〈崇文總目考略〉於民國七十四年十二月刊載《國立政治大學學報》第五十二期，文中主要敘述《崇文總目》的傳本（四庫輯本、錢輯釋本），並對其體例及功用加以簡述。

（二）喬衍琯〈崇文總目輯本勘異〉於民國七十六年夏刊載《故宮學術季刊》第四卷第四期，主要分述簡目注本、四庫輯本和錢輯釋本，並作互相校對勘異，本文著重於校勘，針對《崇文總目》沒有太多的敘述，但頗有獨到之見。

另外，國內學者對於《崇文總目》的相關研究有：

（一）陳樂素先生〈宋初三館考〉於民國二十五年九月刊載《圖書季刊》第三卷第三期。

（二）黃潮宗先生〈宋代的國立圖書館〉於民國六十二年二月刊載《大陸雜誌》第四十六卷第二期。

（三）周駿富教授〈北宋館閣典校圖籍考〉於民國六十二年

六月刊載《國立臺灣大學文史哲學報》第二十二期。

　　大陸學者對《崇文總目》的研究有：

　　（一）倪士毅的〈北宋官修目錄——《崇文總目》〉刊載於《宋史研究集刊》一九八六年四月，本文也著重在分類體例方面，對其目的分類體例加以探討，但內容過於簡略。

　　（二）邱進友的〈對宋代《崇文總目》的探討〉刊載於《圖書館學研究》一九九七年第四期，本文著重在分類體例方面，以討論的方式來瞭解《崇文總目》的體例，以及後人對它的評價，但這些探討太過於簡略，並沒有觸及核心。

　　其他大陸學者在這方面的相關論述有：

　　（一）李婷〈兩宋時期的館閣藏書機構〉刊載《北京圖書館通訊》一九八九年第三期、〈略論宋代館閣藏書的基本來源〉刊載《江蘇圖書館學報》一九九七年第二期、〈談談宋代館閣藏書的詔求之道〉刊載《津圖學刊》一九九八年第二期。

　　（二）李圖〈歐陽修與《崇文總目》修撰考〉刊載《晉圖學刊》一九八六年第三期。

　　故前人與喬衍琯教授已言之詳並且允恰者，本文則不言或少言之；前人與喬教授所言如有所疏略，本文則詳言而補其所闕，甚至欲能對前人之著述有以拾遺補闕，刊謬糾誤也。

　　因此，本書重點有以下幾項：

　　（一）對於《崇文總目》的編纂背景因素一一考求，以詳其行事，則所用資料須編及四部，其目基本上反映了宋代政府收藏的書籍數量，從中瞭解宋代整理書籍的狀況及概貌，也更能掌握中國古代書籍的發展過程。

（二）解析《崇文總目》的體例，較前人之考論體例者，作有系統的、全面的考求，分析其組織結構、體裁及分類方法，從而檢視其全貌和特點。

（三）分析瞭解宋代館閣制度的形成與發展，前人在這方面的研究有所缺失，針對其缺失加以補寫，深入研究，提出不同的見解。

上述三項撰作重點，如能分章一一寫就，則本書庶幾具其體系而又能作深入之研討。歷代研治《崇文總目》者所遺留下的若干真空領域；倘本書能有所發皇，繼前賢之所就而突破，是本書之願也。

第二章　宋代官府藏書

　　宋代是我國封建經濟發展較快速的時期，農業生產的恢復和
發展，手工業和商業的發達，為社會經濟的繁榮奠定堅實的基礎。
我國雕版印刷術在宋代非常發達，而活字印刷也發明於宋代。手
工業書坊的興盛和商業交通的發達，為書籍的刻印與流傳，創造
有利的條件。因此，宋代官私藏書超越前代，達到我國中世紀的
高峰。

第一節　官府藏書體系

　　我國歷代政府的藏書，都有固定的藏書所在地，漢有石渠、
天祿、麒麟諸閣，東漢有東觀、蘭臺，隋有嘉則殿、修文殿，唐
有三館，至於宋，就更多了。宋代崇文院、秘閣及秘書省在歷史
上統稱為館閣。館閣又是宋王朝中央政府藏書機構，透過藏書的
收集、整理、典藏和利用，確立了館閣在宋王朝政府機構中的重
要位置。除了崇文院（昭文館、史館、集賢院）及秘閣外，還有
太清樓、龍圖閣、天章閣、寶文閣、顯謨閣、徽猷閣等處。其中
天章、寶文、顯謨、徽猷等諸閣，均專門收藏帝王御製，而太清
樓、龍圖閣多是崇文院所錄副本，形成宋朝藏書的特色。
　　北宋是我國中古社會經濟繁榮、文化昌盛的重要朝代。我國

的官府藏書體系，在北宋時期發展到一個新的高峰，出現了許多前未有的特點，分述如下：

一、北宋改變了唐、五代集賢院、昭文館、史館分散藏書的體制，合三館為一體，創建了與北宋相始終的國家圖書館——崇文院。

二、北宋在崇文院三館藏書的基礎上，建立了秘閣專藏，提高了國家圖書館收藏與管理的層次，並豐富了藏書的類型。

宋太宗重建三館，隨即設置秘閣。三館、秘閣藏書是有組織的，它們共同建構成一個完整的藏書體系。而其中史館為基本書庫、昭文館為普通書庫、集賢院為借本書庫、秘閣為特藏書庫。

史館作為基礎的基本書庫，也是三館秘閣藏書蒐藏完善的必然結果。唐五代時，政府修史都在史館進行，由於修史需要大量聚書，編成的史書和搜集來的圖籍一同入藏史館，史館正是由於修史和藏書的因素，地位日益重要。北宋時期，史館設在崇文院中，但修史必須另外設修史局，史館不再擔負修史任務，而作為崇文院中的一個基本書庫。神宗元豐改制隸屬於門下省的編修院改屬秘書省史館，但史館作為基本書庫的方針一直未變。

昭文館，同崇文院其它兩館一樣也收藏經史子集四部群書。從所見文獻資料來看，對於搜集到的藏書總是按照類別先入史館或秘閣，說明昭文館的藏書是崇文院整理過的圖籍，作為一個普通書庫具有收藏藏書的功能，構成崇文院藏書的組成部分之一。

集賢院，作為崇文院的借本書庫的說法是毫無疑問的，依據《宋會要輯稿》第七十冊〈職官〉一八之九〈宋會要・秘書省〉載：

　　　　秘書省言：《崇文總目》內書籍，是將四館分書併合著
錄。……集賢一本，充諸處借取外，其餘更不得借出。[1]

館秘閣中只有集賢藏本可借閱，集賢院作為借本書庫的用意十分
明顯不過了。

　　秘閣設置的目的決定了秘閣為特藏書庫，由於秘閣是特藏書
庫，不僅決定了秘閣在崇文院中的特殊地位及收藏範圍，而且秘
閣收藏本與其它三館有所區別。

　　宋太宗端拱元年（九八八）五月，又在崇文院增建秘閣。秘
閣所藏圖書均是經過校定的善本，其代表了宋代國家圖書館藏書
的精華。[2]哲宗時，秘閣成為收藏唐代以前古本的書庫，更加強了
它特藏書庫、善本書庫的功能。北宋的秘閣，不僅代表宋代國家
圖書館的最高層次，而且使國家圖書館的收藏內容更加豐富，還
使官府藏書的類型得到充分的發展。它使官府藏書的管理層次有
了極大的改進，它又在圖書事業發展史上佔有極為重要的地位。

　　三、宮廷的殿閣藏書及政府機構藏書與崇文院藏書相配合，
構成了一個有主次、互相補充、互相配合的龐大官府藏書體系。

　　北宋的官府藏書，體系龐大，藏書處所眾多。除了三館、秘

1　（清）徐松輯，《宋會要輯稿》第七十冊〈職官〉一八之九〈宋會要‧秘書省〉
　　（臺北市：世界，民國六十六年五月再版），頁二五七九。

2　（清）徐松輯，《宋會要輯稿》第七十冊〈職官〉一八之四七〈宋會要‧秘閣〉，
　　頁二七七八。
　　（宋）程俱撰，《麟臺故事》卷一〈沿革篇〉（收入《文淵閣四庫全書》第五
　　九五冊，臺北市：臺灣商務，民國七十二年），頁三〇六。

閣外，宋代還建立了一些紀念性殿閣，也藏有圖籍，大多是前朝
皇帝的遺物和遺作，包括皇帝的詩文、詔令等御製書籍；經史子
集等常用書籍；圖畫墨跡、瑞物。其中地位比較重要的，首先是
殿閣藏書。殿閣藏書設立在內廷，主要為皇帝服務。

　　建立較早的是太宗太清樓藏書，其是宋太宗為自己修建的一
個收藏機構，專門收藏其御製及四部群書。太平興國四年（九七
九），太宗於迎陽門後苑建立了太清樓。

　　據《玉海》卷五二載：「初興國四年，建太清樓于迎陽門後
苑，真宗藏太宗御製墨跡石本。」[3] 又據《玉海》卷一六四載：

　　　　太清樓藏太宗御製及墨跡石本九百三十四卷軸，四部群
　　書三萬三千七百二十五卷，其後群書增及一萬一千二百九十
　　三卷，太宗御集、御書又七百五十三卷。[4]

　　因之，太清樓藏書收藏有太宗御製文集、墨跡、石本、真本
等。真宗時，太清樓得到了快速的發展，太清樓四部藏書已達三
萬三千七百二十五卷。北宋前期，太清樓藏書在官府藏書體系中
發揮極大的作用，它是崇文院的複本書庫，直接保障了國家圖書
館的存在與發展。

　　殿閣藏書中第二個建立的是真宗時的龍圖閣。龍圖閣大約建

---

[3]　（宋）王應麟撰，《玉海》卷五二（收入《文淵閣四庫全書》第九四四冊，臺
　　北市：臺灣商務，民國七十二年），頁四一○。

[4]　（宋）王應麟撰，《玉海》卷一六四，頁二九三。

於大中祥符初，是宋真宗為紀念太宗皇帝而設置的一個紀念性建築。據《玉海》卷一六三載：

> 閣在會慶殿西偏北連禁中，東曰資政殿，西曰述古殿。閣上藏太宗御製御書并文集，總五千一百一十五卷軸冊，又有御書素扇數十。其下列六閣曰：經典閣，總三千三百四十一卷；史傳閣，總七千三百五十八卷；子書閣，總八千四百八十九卷；文集閣，總七千一百八卷；天文閣，總二千五百六十一卷；圖畫閣，總七百一軸卷冊。圖畫閣一本作瑞物閣，奇瑞二十三、瑞木十六、眾瑞一百一十三、雜寶一百九十五、又古賢墨跡二百六十六卷。[5]

據上引資料總計，龍圖六閣藏書有二萬九千四百六十卷，再加上太宗御製御書和文集，共有藏書三萬四千五百七十五卷，瑞物三百四十七件。龍圖閣的藏書經過不斷搜集增加，質量甚至超過崇文院及太清樓等殿閣藏書，成為北宋中後期收藏最為完備、書籍質量最高的藏書處所。

天章閣，宋真宗時修建，專藏真宗御製御書文籍等。其閣址及建築情形，據《職官分紀》卷十五載：

> 天禧四年建，閣在會慶殿西，龍圖閣之北，以藏真宗御

---

[5] （宋）王應麟撰，《玉海》卷一六三，頁二七二～二七三。

集御書。閣東曰群玉殿，西曰蕊珠殿，北曰壽昌閣（一本作殿）。壽昌東曰嘉德殿，西曰延康殿，殿即流杯之所，皆以桃花文石為之，環以清渠，植以松檜，壘石為山，莊麗巧妙，悉臻於極勢焉。[6]

閣中所藏真宗御集御書，據《職官分紀》卷十五載：

俄詔近臣、館閣、三司、京府官觀御籍御書於閣下，遂宴於群玉殿，時輔臣集御製三百卷，凡頌銘碑文十八卷、贊八卷、詩三十七卷，……又取至道元年四月訖大中祥符歲中書樞密院時政記，史館日歷、起居注善美之事，錄為聖政記凡一百五十卷，並命工鏤板。又以御書石本為九十編。[7]

寶章閣，宋仁宗至和二年（一〇五五）六月設置，安置太宗、真宗御製。[8]
寶文閣，為紀念仁宗皇帝而建，據《玉海》卷一六三載：

在天章閣西序群玉、蕊珠殿，之北即寶文閣。舊曰壽昌閣，慶曆元年改今名。……嘉祐八年十二月乙亥，詔以仁宗

---

[6] （宋）孫逢吉撰，《職官分紀》卷一五（收入《文淵閣四庫全書》第九二三冊，臺北市：臺灣商務，民國七十二年），頁三六四。

[7] 同上註，頁三六五。

[8] （宋）王應麟撰，《玉海》卷一六三，頁二七七。

御書藏寶文閣，命翰林學士王珪記立名。[9]

據此可知寶文閣之位置和藏書情況。

其它如顯謨閣，紀念神宗皇帝而建，本熙明閣，崇寧元年十一月改此名；徽猷閣，紀念哲宗皇帝而建，大觀二年建，閣在顯謨閣北，藏哲宗御製。（詳見表一）

表一：北宋館閣殿一覽表[10]

館閣名稱	建置年月	藏書性質	備　註
崇文院 （昭文館、史館、集賢院）	太宗太平興國二年九月修建，三年二月成。真宗大中祥符八年四月大火，五月於右掖門外別置崇文外院。仁宗天聖九年十一月遷三館於崇文院。	綜合性四部群書	東廊為昭文書庫，南廊為集賢書庫，西廊分經史子集四部為史館。
太清樓	太祖建隆三年五月重建。	綜合性四部群書	樓上藏太宗著述。樓下設經、史、子、集、天文、圖畫六閣。
秘閣	太宗端拱元年五月建，淳化三年五月增修。	古畫、墨跡、天文、方技等。	就崇文院中堂建秘閣。
龍圖閣	真宗咸平中建，一云大中祥符中建。	太宗御製御書及綜合性四部	閣上藏太宗御製御書，閣下分經典、史

---

[9]　同上註，頁二七六。

[10]　周駿富，〈北宋館閣典校圖籍考〉，《國立臺灣大學文史哲學報》第二十二期，民國六十二年六月，頁三三四～三三五。

館閣名稱	建置年月	藏書性質	備　註
		群書。	傳、子書、文集、天文、圖畫六閣。
天章閣	真宗天禧四年十二月至五年三月建成。	真宗御集御書。	此為真宗自我奉安御集之建築。慶曆中為輔臣議對之所。
寶文閣（舊名：壽昌閣）	英宗治平間建，慶曆後改為此名。	仁宗、英宗、神宗等御集御書。	三帝御集御書同藏此閣，非英宗御書附於閣上。
顯謨閣（舊名：熙明閣）	哲宗元符元年四月建，建中靖國初改為此名。	神宗御集。熙寧元豐功臣圖形於閣。	
徽猷閣	徽宗大觀二年建。	哲宗御書。	
玉宸殿		經史	原為退朝燕息之所

　　另外，南宋時期有敷文閣，紹興十年以徽宗皇帝御集成，詔特建閣藏之，以敷文為名。

　　煥章閣，為紀念高宗皇帝而建，淳熙十五年建，藏高宗御製。

　　華文閣，為紀念孝宗皇帝而建，慶元二年建，藏孝宗御製。

　　寶謨閣，為紀念光宗皇帝而建，嘉泰二年建，藏光宗御製。

　　顯文閣，咸淳元年建，藏理宗御製。[11]

11　（清）徐松輯，《宋會要輯稿》第一八七冊〈方域〉三之七、八，頁七三四七。

這些紀念性建築也都藏有皇帝御製及其他圖籍。

宮廷藏書除了諸閣藏書之外，還有玉宸殿、四門殿、觀文殿、宣和殿等也藏有四部群書。依據《宋史‧藝文志》序云：

真宗時，命三館寫四部書二本，置禁中龍圖閣及後苑之太清樓，而玉宸殿、四門殿各有書萬餘卷。[12]

以上所述殿閣均為宮廷藏書之所，其目的一是供皇帝經常使用，即所謂退朝之遐，聚圖書以自娛；二是保存前皇帝的檔案和遺物；三是為了表示紀念。

因此，它們雖然藏有御書及四部群書，但藏書整理工作都在崇文院、秘書省進行。它們在管理制度、收藏、使用等諸方面，與三館、秘閣、秘書省相互聯繫，共同構成了一個龐大的中央政府藏書系統。這一藏書體系得到皇權的直接支持，發展迅速，並擁有極高的地位。它與崇文院藏書相配套，使得北宋的官府藏書進入到繁榮興盛的發展階段。

在宋代發達的官府藏書體系中，另一支與崇文院藏書相配合的藏書體系是政府機構藏書。政府機構藏書中，尤以國子監、學士院、司天監、御史臺、各府州學藏書最為完備。[13]國子監是國

（宋）王應麟撰，《玉海》卷一六三，頁二七七～二七八。

[12]　（元）脫脫等纂修，《宋史‧藝文志》序（臺北市：臺灣商務，民國五十五年三月臺一版），頁二。

[13]　（清）徐松輯，《宋會要輯稿》第七十冊〈職官〉一八之八〈宋會要‧秘書省〉，頁二七五八。

家主要的學術機構，又是中央官府刻書的主要機構。所以藏書特別豐富，一方面用以輔導諸生的學業，另一方面則作為刻書的參考。其書籍的來源有四：

（一）御賜，又可分為自動頒賜、疏請嘗賜或用公款購贈。

（二）向各官書局徵集。

（三）官吏捐贈。

（四）私人捐贈。

宋初太宗時，為了刻書及教育學生的需要，於淳化五年（九九四），國子監就建立了書庫。真宗時，國子監刻書已十分可觀，經版達十餘萬。據《宋史》四三一〈邢昺〉傳載：

> 景德二年夏，上幸國子監閱庫書，問昺經版幾何？昺曰：國初不及四千，今十餘萬，經、傳、正義皆具。臣少從師業儒時，經具有疏者百無一二，蓋力不能傳寫。今板本大備，士庶家皆有之，斯乃儒者逢辰之幸也。[14]由此可見，政府機構藏書在文化教育事業的發展上發揮了與崇文院館閣藏書相配合的作用。

四、在國家圖書館及一些政府機構藏書中，圖書可以外借，並首次建立了專門的借本書庫。

宋代官府藏書建立後，由於書籍全而精，朝臣及諸王等經常

---

[14] （元）脫脫等纂修，《宋史》卷四三一、列傳一九○〈儒林一‧邢昺〉（臺北市：鼎文，民國六十七年九月），頁一二七九八。

借出閱覽、抄寫或刻印，圖書的散失非常嚴重。哲宗元祐四年（一〇八九），依秘書省的建議，規定內集賢一本，充諸處借取外，其餘更不得借出，確立了借本書庫由集賢書庫擔當的制度，這是我國圖書事業發展史上首次建立的借本書庫。

　　三館藏書各設類似總管的孔目官主管，每館經史子集四部又分設書庫官、守當官分別管理，每一藏書房又由書直官負責書房內的檢點、保護工作，而另由兩名庫子負責接待、辦理取書借閱手續。崇文院藏書原可借出使用，但在哲宗元祐以後，規定只准集賢院藏書可以出借。借書有一定的程序。

　　依據《宋會要輯稿》〈職官〉一八之一七記載：「書籍出入，並監門具單子搜檢出入等。」[15]這說明當時借出書籍需經「監門」根據單子放行。此與集賢書庫相類似，國子監、地方官學的藏書也可以出借。

　　北宋借本書庫的建立以及有專人按照專門的制度進行管理，無疑說明了北宋官府藏書的成熟，甚至它標誌著官府藏書管理層次的提高。

第二節　官府藏書之蒐集

　　北宋有天下，雖然僅有一百六十七年，但對於圖籍典藏及校

---

[15] （清）徐松輯，《宋會要輯稿》第七十冊〈職官〉一八之一七〈宋會要‧秘書省〉，頁二七六三。

理工作，似有獨樹風格的特色。宋朝承五代之後，雕印書籍，已具有良好的基礎。宋代收藏圖籍，似本前代作風；或借書繕寫，充實館閣的典藏；或校理群書，訂正舊本的謬誤。但其收藏數量，雖不及前代之富，唯有其遍設館閣，使藏書處所林立，確為前代所不及。其校理工作，雖屬因襲前人故智，唯其校定者，雕印流傳，影響後代頗鉅。

宋初的國家藏書，其基礎係為後周原藏和削平諸國所得。不言而喻，由於五代的戰亂和割據，在這個基礎上顯然較為薄弱。但宋初三朝非常注意訪求和保存已有的歷史文獻，使宋代的藏書不斷趨於豐富。

宋代在典校圖籍的次第方面，也是倣效前代。首先詔求天下遺書，或購募遺佚，或孤本錄副；對於獻書者，輕則賞錢，重則賜官。次則勘書，凡辨正異同，勘改訛失後，或送館閣典藏，或命雕版流傳。再次則為編錄，編次目錄，撰述要旨，因而，《崇文總目》實有承先啟後的作用。

宋代崇文院內的昭文館、集賢院、史館是中央政府的藏書之所，史稱三館。後來又分出秘閣，專藏重要圖書。

宋代館閣藏書，依據《宋史・藝文志》序記載：

> 歷代之書籍，莫厄於秦，莫富於隋、唐。隋嘉則殿書三十七萬卷，而唐之藏書，開元最盛，為卷八萬有奇。其間唐人所自為書，幾三萬卷。則舊書之傳者，至是蓋亦鮮矣。陵遲逮於五季，干戈相尋，海宇鼎沸，斯民不復見《詩》、《書》、《禮》、《樂》之化。周顯德中，始有經籍刻版。學者無筆

札之勞，獲睹古人全書。然亂離以來，編帙散佚，幸而存者，百無二三。宋初，有書萬餘卷；其後削平諸國，收其圖籍。及下詔遣使購求散亡，三館之書，稍復增益。[16]

又據楊萬里《誠齋揮麈錄》卷上記載：「國朝承五代搶攘之後，三館有書僅一萬二千卷。乾德以後平諸國，所得漸廣。」[17]程俱《麟臺故事殘本》卷二中〈書籍篇〉也有類似記載，其稱：「建隆初，三館有書萬二千餘卷」。[18]

上述所記載宋初藏書，以楊萬里、程俱說得更為具體。此後平定列國，所得漸廣。自宋太祖乾德四年（九六六）起，屢下詔令，訪求遺書。於是館閣始群書稍備，校理漸備。

北宋對於圖籍蒐集工作，似乎已達到「開購賞之科，以廣獻書之路。」[19]然其接受前朝及五代十國藏書，也為其收藏來源之一。因此，在敘述宋代圖籍蒐集之前，當就以下二者分別敘述：

一、接受前朝及割據政權藏書

在宋初戰爭紛擾時期，宋太祖就派人四處搜集圖籍，以建立

---

16 （元）脫脫等纂修，《宋史·藝文志》序，頁一。

17 （宋）楊萬里撰，《誠齋揮麈錄》卷上，（收入《百川學海叢書》，臺北市：新興，民國五十八年七月新一版），頁三三一四。

18 （宋）程俱撰，《麟臺故事殘本》卷二中〈書籍篇〉（臺北市：臺灣商務，民國五十五年），頁一。

19 （宋）程俱撰，《麟臺故事殘本》卷二中〈書籍篇〉，頁八。

新王朝的藏書。宋太祖趙匡胤黃袍加身，奪取後周政權，建都開封，宋朝政府理所當然地接收周朝皇室藏書。而五代諸國的分據，凡據富庶之地者，都能聚集典籍，惟吳、蜀為多。

　　宋朝的建立結束五代十國的分裂局面，但長期動亂卻使圖籍遭受到比較嚴重的散佚。宋初的昭文館、史館、集賢院三館國家藏書的總數不過一萬二千餘卷，主要係繼承五代後周的文化遺產，所以在恢復社會經濟的同時，宋朝政府採取聚集圖籍的具體措施，如將南方諸國的圖籍收歸政府收藏。

　　依據史書記載接受割據政權藏書，共有五國。太祖有三，太宗有二，其中以孟蜀及江南所得者為最多。現就按宋滅其國年代先後，分述如下：

（一）荊南高氏圖籍

　　宋朝取得高氏圖籍，數目不詳。依據《宋會要輯稿》第五十五冊〈崇儒〉四之一五〈宋會要·求書〉記載：「太祖乾德元年，平荊南，詔有司盡收高氏圖籍，以實三館。」[20]

（二）後蜀孟氏圖籍

　　蜀地刻書，始於唐末，至五代而漸盛。後蜀孟氏從毋昭裔之請，刻印九經，尤為促進圖籍勃興之舉。[21]宋朝滅其國，並收其圖籍。依據《宋會要輯稿》第五十五冊〈崇儒〉四之一五〈宋會

---

[20]　（宋）程俱《麟臺故事殘本》卷二中〈書籍篇〉、（元）馬端臨《文獻通考·經籍考一》文並與此同。

[21]　李致忠著，《歷代刻書考述》（成都：巴蜀書社，一九九〇年四月），頁三五。

要・求書〉記載：

> （乾德）三年九月，命右拾遺孫逢吉往西川取偽蜀法物
> 圖書經籍印篆赴闕。至四年五月，逢吉以偽蜀圖書法物來上。
> 其法物不中度，悉命毀之；圖書付史館。[22]

（三）江南李氏圖籍

　　宋初取得十國之書最多者，僅南唐而已。依據《宋會要輯稿》
第五十五冊〈崇儒〉四之一五〈宋會要・求書〉記載：

> 開寶九年，江南平，命太子洗馬呂龜祥就金陵籍其圖書，
> 得二萬餘卷，送史館。偽國皆聚典籍，惟吳、蜀為多，而江
> 左頗精，亦多修述。[23]

---

[22] （宋）李燾《續資治通鑑長編》卷七文與此同；（宋）程俱《麟臺故事殘本》卷二中〈書籍篇〉作「三年平蜀，遣右拾遺孫逢吉往收其圖籍，凡得書萬三千卷。」；（宋）王應麟《玉海》卷五二〈祥符龍圖閣四部書〉條注、（元）馬端臨《文獻通考・經籍考一》並本此，似較會要為詳。宋本《皇朝編年綱目備要》稱四年五月收蜀圖書，亦能補其遺漏。據此，是得孟蜀之書，時在乾德四年五月，（清）畢沅《續資治通鑑》卷四所述，似甚正確。

[23] （宋）程俱《麟臺故事殘本》卷二中〈書籍篇〉、（元）馬端臨《文獻通考・經籍考一》作「開寶八年冬，平江南。明年春，遣太子洗馬呂龜祥就金陵籍其圖書，得二萬餘卷，悉付史館。」（宋）王應麟《玉海》卷四三作「開寶九年，得江南圖書二萬餘卷。」得李唐之書二萬餘卷，諸書所載略同，似無異議。

（四）吳越錢氏圖籍

宋朝取得吳越之圖籍，數字不詳。依據《麟臺故事殘本》卷二中〈書籍篇〉記載：「兩浙錢俶歸朝，又收其書籍。」[24]

（五）北漢劉氏圖籍

此為太宗時所取得，然亦語焉不詳。依據《宋會要輯稿》第五十五冊〈崇儒〉四之一五〈宋會要·求書〉記載：「（太平興國）四年五月，太原平。命左贊善大夫雷德源入城，點檢書籍圖畫。」[25]太原是北漢之都城，太祖時屢攻不破，太宗親征，攻下太原，得以沒收圖籍。

總之，除了南漢圖籍禁燬外，五代十國圖籍得精華部分，皆歸宋朝所藏。其中又以西蜀、南唐、吳越為多，且版本價值也高。宋代館閣之藏，也循此而漸豐，並奠定良好的基礎。

二、詔求圖籍

詔求圖籍，是一種利用政權力量，採取適當的獎勵方法徵集圖籍的方式，即所謂「勒之以天威，引之以微利」。在這種情況下，私人收藏家迫於無奈，也願意獻出自己的藏書。這樣，一來可以得到入仕途徑，爭取功名，甚至可能由此得到皇帝的賞識。二來獻書也有政府賞賜，無論得到何種賞賜，對某個人來說都是

---

[24] （元）馬端臨《文獻通考·經籍考一》本此文，也語焉不詳。

[25] （清）徐松輯，《宋會要輯稿》第五十五冊〈崇儒〉四之一五〈宋會要·求書〉，頁二二三七。案諸書缺載，此文可補其略。

一種極大的榮耀。賞賜的豐薄，主要依據當時的財力和圖書本身的價值而定（見表二）。

表二：宋代獻書賞賜一覽表[26]

年　代	獻書情況	賞賜情況
太祖乾德四年 （九六六）	凡獻書者	送學士院考試，堪稱館職者，具以聞名。
太宗太平興國九年 （九八四）	三百卷以上	送學士院考試，選任館職；不堪任者，量才安排。
太宗淳化四年 （九九三）	每卷 三百卷以上	賜給千錢， 量才求用。
太宗至道元年 （九九五）	凡獻書者	進納入官，優給價值；若不願得官與錢，賜給御書石本。
真宗咸平三年 （一〇〇〇）	三百卷以上	量才試問，賜給出身、酬獎，若不親儒墨，即與班行內安排。
真宗大中祥符八年 （一〇一五）	五百卷以上	優其賜，能可採者，別奏候旨。
仁宗嘉祐五年 （一〇六〇）	每卷 五百卷以上	支絹壹匹， 特與文資安排。
徽宗宣和四年 （一一二二）	凡獻書者	優與支賜，分等給賞或以官或酬以帛。
高宗紹興三年 （一一三三）	凡獻書者	酬以厚賞。

---

[26] 李婷〈略論宋代館閣藏書的基本來源〉，《江蘇圖書館學報》一九九七年第二號，頁四七。

年　代	獻書情況	賞賜情況
高宗紹興十六年（一一四六）	獻晉唐墨跡真本者、秘閣闕書善本及二千卷不及二千卷以上	取旨優異推恩有官，人與轉官，士與永免文解或免解，比類增減推賞如願給者，總計工墨紙，優與支給。

　　上表基本反映兩宋時期的獻書賞賜情況。由表二可見，王朝建立初期更為重視圖籍的搜求工作。這是因為上一個王朝滅亡，圖籍散失嚴重，新王朝要建立自己的藏書機構，必須搜集散亡在民間的圖籍，這一方法是很有成效的。

　　北宋訪求圖籍的工作，由於帝王對文教的重視，故能做得普遍而深入。自太祖乾德四年（九六六），下詔訪求遺書後，繼太宗、真宗、仁宗、徽宗等，都能傚效太祖而為之。北宋詔求遺書，就史籍所載，分述如下：

（一）太祖詔求圖籍

　　宋太祖除了廣泛地搜集民間藏書，充實館閣藏書外，並於乾德三年（九六五），開始徵集圖籍，四年又詔求遺書。依據《宋會要輯稿》第五十五冊〈崇儒〉四之一五〈宋會要‧求書〉記載：

　　　　（乾德）四年閏八月，詔購亡書，凡進書者，先令史館點檢，須是館中所闕，即與收納；仍送翰林學士院引試，驗問吏理。堪任職官者，官得具名以聞。是歲三禮涉弼、三傳彭翰、學究朱載，皆應詔獻書，總千二百二十八卷，命分置

館閣，賜弼等科名。²⁷

　　此為北宋詔求天下遺書的首次記載，然而此詔書奠定了宋代獎勵獻書基本原則，雖然各朝具體的獎勵規定有所差別，但其總原則是一致的。

（二）太宗詔求圖籍

　　宋太宗繼太祖搜集的藏書，並廣開收書之路，擴大圖書來源。太宗崇儒，尤好文雅，對於右文之事，尤為顯著。太宗詔求圖籍，主要者有：

1.先賢墨跡

　　依據《宋會要輯稿》第五十五冊〈崇儒〉四之一五至一六〈宋會要‧求書〉記載：

　　　　（太平興國）二年十月，詔諸州搜訪先賢筆跡圖書以獻：荊湖獻晉張芝草書及唐韓幹畫馬三本，潭州石熙載獻唐明皇所書道林寺王喬觀碑，袁州王澣獻宋之問所書龍鳴寺碑，昇州獻晉王羲之、王獻之、桓溫二十八家石版書跡，韶州獻唐相張九齡畫像及文集九卷。

　　　　六年十二月，詔開封府及諸道轉運遍下營內州縣搜訪鍾繇墨跡，聽於所在進納，優給緡貫償之。並下御史臺告諭文

27　（宋）程俱《麟臺故事殘本》卷二中〈書籍篇〉、（清）畢沅《續資治通鑑》卷四，文意略同，惟語句前後錯舉。（元）馬端臨《文獻通考‧經籍考一》本（宋）程俱《麟臺故事殘本》，故同。

武臣僚，如有收者，亦令進納。是歲鎮國軍節使錢惟演以鍾
繇、王羲之、唐明皇墨跡，凡七軸獻。八年，秘書監錢昱又
獻鍾繇、義之墨跡八軸，並優詔答之。八年十月，越州以王
羲之畫像並其石硯來獻。[28]

此連年詔求墨跡，可殆補三館之闕。

2.四部圖書

太宗對於四部圖書的詔購，除《宋史·本紀》稱太平興國六
年（九八一）十二月癸酉購求醫書外，另有二次大規模的詔購。

第一次詔購是在太平興國九年（九八四）九月正月，依據《宋
會要輯稿》第五十五冊〈崇儒〉四之一六〈宋會要·求書〉記載：

（太平興國）九年正月詔曰：國家勤求古道，啟迪化源，
國典朝章，咸從振舉，遺編墜簡，宜在詢求，致治之先，無
以加此。

宜令三館所有書籍，以開元四部書目比校，據見闕者，
特行搜訪；仍具錄所少書於待漏院榜示中外。若臣僚之家，
有三館闕書，許上之。及三百卷以上者，其進書人送學士院
引驗人才，書判試問公理。如堪任職官者，與一子出身；或
不親儒墨者，即與安排。如不及三百卷者，據卷帙多少，優

---

[28] （清）徐松輯，《宋會要輯稿》第五十五冊〈崇儒〉四之一五、一六〈宋會要·
求書〉，頁二二三七～二二三八。案（宋）王應麟《玉海》卷四三節錄其文，
意同。

給金帛。如不願納官者，借本繕寫畢，卻以付之。[29]

　　太宗深悟「教化之本，治亂之源，苟無書籍，何以取法。」[30]
故大力搜訪，廣求天下遺書。至道元年（九九五），又有第二次
的詔購。依據《宋會要輯稿》第五十五冊〈崇儒〉四之一七〈宋
會要・求書〉記載：

　　　　至道元年六月十日，命內品監秘閣三館書籍，裴愈、葉
　　傳往江南、兩浙諸州購募圖籍。願送官者，優給其直；不願
　　者，就所在差能書史繕寫，以舊本還之，仍齎御書石本所在
　　分賜之。愈還，凡購得古書六十餘卷，名畫四十五軸，古琴
　　九，王羲之、貝靈、該懷素等墨跡，共八本藏於秘閣。[31]

　　太宗又於淳化四年（九九三）三月，詔三館所少書，有進納
者，卷給千錢，三百卷以上，量才錄用。[32]然僅次於太平興國六
年（九八一）十二月購求醫書，恐其影響不及上述二者之大。總

---

[29] （宋）程俱《麟臺故事殘本》卷二中〈書籍篇〉、（宋）王應麟《玉海》卷四
　　三、（元）馬端臨《文獻通考・經籍考一》等並作九年正月，與此文同。

[30] （清）徐松輯《宋會要輯稿》第五十五冊〈崇儒〉四之一六〈宋會要・求書〉，
　　頁二二三八。（宋）李燾《續資治通鑑長編》卷二五（收入《文淵閣四庫全書》
　　第三一四冊，臺北市：臺灣商務，民國七十二年）。

[31] （宋）程俱《麟臺故事殘本》卷二中〈書籍篇〉文同；（宋）王應麟《玉海》
　　卷四三節其文，（宋）李燾《續資治通鑑長編》卷三八、（清）徐乾學《資治
　　通鑑後編》卷一七、（清）畢沅《續資治通鑑》卷一八等，節其文較《玉海》
　　為詳，惟並缺葉傳其人，可補諸書之缺。

[32] （宋）程俱撰，《麟臺故事殘本》卷二中〈書籍篇〉，頁三。

之，太宗在位二十二年，其得五代十國之書者二，詔求遺書者四，
又搜訪先賢墨跡不遺餘力，對於館閣之藏，影響至鉅。

（三）真宗詔求圖籍

真宗崇儒，乃有父之風。對於訪求圖籍乙事，不遺餘力，據
《麟臺故事殘本》卷二中〈書籍篇〉載：

> 咸平二年閏三月，……時京師藏書之家，惟故相王溥家
> 為最多，每借取傳寫既畢，即遣中使送還。先是，上謂輔臣
> 曰：國家搜訪圖書，其數漸廣，臣庶家有聚書者，朕皆令借
> 其錄目參校內府及館閣所有。其闕少者，借本抄填之，邇來
> 所得甚多，非時平無事，安能及此也。[33]

這是私人藏書目錄被徵借的最早記載。

真宗即位後，因直集賢院李建中言：

> 太清樓群書，恐有謬誤，請選官重校，上因閱書目，見
> 其闕者尚多，仍詔天下購館閣遺書。[34]

依據《麟臺故事殘本》卷二中〈書籍篇〉及《宋會要輯稿》

---

[33] 同上註，頁三～四。

[34] 見（宋）李燾《續資治通鑑長編》卷四九，惟《續資治通鑑長編》不錄詔，此
　　詔僅見（清）徐松輯《宋會要輯稿》及（宋）程俱《麟臺故事殘本》卷二中〈書
　　籍篇〉，下文錄之，為真宗求天下遺書極重要文件。

第五十五冊〈崇儒〉四之一七〈宋會要‧求書〉記載：

> （咸平）四年十月二十七日詔曰：國家設廣內石渠之署，
> 訪羽陵汲冢之書，法漢氏之前規，購求雖至，驗開元之舊目，
> 亡逸尚多，庶墜簡以畢臻，更懸金而示賞，式廣獻書之路，
> 且開與進之門，應中外臣庶家有收得三館所少書籍，每納到
> 一卷給千錢，仰判館看詳，委是所少之書及卷帙，別無差誤，
> 方得收納。其所進書如及三百卷以上，量材試問與出身酬獎，
> 如或不親儒墨，即與班行內安排。宜令史館鈔出所少書籍名
> 目，於待漏院張懸及遞諸路轉運司散行告示，申太平興國之
> 詔也。且令杜鎬、陳彭年因其時編整籤帙，區別真偽，仍令
> 宋綬、晏殊參之。又命三司使丁謂及李宗諤搜補遺闕。[35]

這種「小則償以金帛，大則授之以官」的獎勵辦法，雖然帶來一
些人偽立名目、妄分卷帙的弊病，但畢竟進納並多，也得到了蒐
集歷史文獻的作用。[36]這便為仁宗時纂修《崇文總目》作了準備
的條件。

----

[35] 案（宋）王應麟《玉海》卷四三作〈咸平四年十月甲子〉與（清）徐松輯《宋
會要輯稿》同。（宋）王明清《揮麈前錄》卷一〈皇朝列聖搜訪書籍〉條、（宋）
楊萬里《揮麈錄》卷上，並作「咸平三年」誤。（宋）李燾《續資治通鑑長編》
卷四九、（清）徐乾學《資治通鑑後編》卷二一、（清）畢沅《續資治通鑑》
卷二十二等從《宋會要輯稿》說，即其明證。《續資治通鑑長編》、《資治通
鑑後編》、《續資治通鑑》節錄詔文並作「詔天下購館閣遺書，每卷給千錢，
及三百卷者，當量材錄用。」（宋）王應麟《玉海》節錄其前後文，與此稍異。

[36] 引文見（清）徐松輯，《宋會要輯稿》第五十五冊〈崇儒〉四之一八〈宋會要‧
求書〉之「王欽若上奏語」，頁二二三九。

　　至大中祥符年間，館閣之藏，依據《文獻通考‧經籍考一》記載：「自建隆至大中祥符，著錄總三萬六千二百八十卷。」[37]但在大中祥符八年（一〇一五）夏，榮王宮火災延及館閣，藏書所存無幾。待崇文外院於皇城外別建外，陳彭年主持以太清樓本重寫外，於是獻書者，大有其人。依據《麟臺故事殘本》卷二中〈書籍篇〉記載：

　　　　又請募人以書籍鬻于官者，驗真本酬其直，與顧（疑作雇）筆工庸等，五百卷以上，優其賜；或藝能可采者，別奏候旨。於是獻書者十九人，悉賜出身及補三班，得一萬八千七百五十四卷。[38]

此後續獻書者，《麟臺故事殘本》卷二中〈書籍篇〉續載二則：

　　　　天禧元年八月，提舉校勘書籍所言：學究劉溥、侯惟哲獻太清樓無本書，各及五百卷，請依前詔甄錄，從之。二年五月，長樂郡主獻家藏書八百卷，賜錢三十萬，以書藏秘閣。[39]

---

[37] （元）馬端臨撰，《文獻通考‧經籍一》（收入《文淵閣四庫全書》第六一四冊，臺北市：臺灣商務，民國七十二年），頁二一。

[38] （清）徐松《宋會要輯稿》第五十五冊〈宋會要‧求書〉作「萬七百五十四卷」、（宋）不著撰人《楓窗小牘》卷下亦同。案十九人獻書，其人姓氏，諸書欠載。

[39] 劉溥、侯惟哲、長樂郡主三人獻書，並見於（清）徐松《宋會要輯稿》第五十五冊〈崇儒〉四之一八〈宋會要‧求書〉，文同。劉、侯獻書事，亦見（宋）王應麟《玉海》卷五二；長樂郡主獻書，《玉海》闕載。

獻書之事，雖始於乾德四年（九六六），然其數字不及萬，而《楓窗小牘》卷下，以宋朝開獻書之路者，舉「祥符中獻書者十九人」為首，[40]是真宗時獻書，宋人視為詔求圖籍之要事。

（四）仁宗詔求圖籍

仁宗承先人之餘緒，也有訪求遺書之舉。惟此時訪書似不及太宗、真宗二朝積極，此時館閣藏書重點在於典校與編錄。仁宗即位後，始有下詔訪求遺書之事，據《宋史・仁宗本紀》載：「景祐三年五月庚辰，購求館閣逸書。」[41]此後歷寶元、康定、慶曆、皇祐、至和、嘉祐等二十三年，至嘉祐四年（一○五九）正月，因秘閣校理吳及之言，又求遺書，依據《麟臺故事殘本》卷二中〈書籍篇〉記載：

嘉祐四年正月，右正言秘閣校理吳及言：祖宗更五代之弊，設文館以待四方之士，而公相率繇由此而進，故號令風采，不減漢、唐。近年用內臣監館閣書庫，借出書籍，亡失已多。又簡編脫落，書吏補寫不精，非國崇鄉儒學之意。請選館職三兩人，分館閣吏人編寫書籍，其私借出與借之者，

40　（宋）不著撰人，《楓窗小牘》卷下（收入《景印文淵閣四庫全書》第一○三八冊，臺北市：臺灣商務，民國七十二年），頁二二四。

41　（宋）李燾《續資治通鑑長編》卷一一八、（清）徐乾學《資治通鑑後編》卷四二、（清）畢沅《續資治通鑑》卷四○、（清）徐松《宋會要輯稿》第五十五冊〈崇儒〉四〈宋會要・求書〉等缺錄，（宋）王應麟《玉海》卷四三及五二有簡略記載，與（元）脫脫《宋史》略同。

並以法坐之。仍請求訪所遺之書。[42]

但五年八月，下詔求書，確因吳及之言所起。依據《麟臺故事殘本》卷二中〈書籍篇〉記載：

嘉祐五年八月壬申詔曰：國家承五代之後，簡編散落。建隆初，三館聚書才萬卷。祖宗平定列國，先收圖籍，嘗分遣使人，屢下詔令，訪募異本，補輯漸至。景祐中，嘗詔儒臣，校定篇目，偽謬重複，並從刪去。朕聽政之暇，無廢覽觀。以今秘府所藏，比唐開元舊錄，遺逸尚多，宜開購賞之科，以廣獻書之路。應中外士庶之家，並許上館閣所闕書，每卷支絹一疋，及五百卷，特與文資安排。[43]

此次搜訪餘波，兼及六年。據《玉海》卷五十二〈嘉祐編定書籍〉

---

[42] （宋）李燾《續資治通鑑長編》卷一八九、（清）徐乾學《資治通鑑後編》卷六六、（清）畢沅《續資治通鑑》卷五七、（宋）王應麟《玉海》卷五二、（元）馬端臨《文獻通考·經籍考一》等，文並略同。不過此次乃在命置館閣編定書籍官，有無訪書，諸書缺載。

[43] （清）徐松《宋會要輯稿》第五十五冊〈崇儒〉四之一九〈宋會要·求書〉稱「吳及乞降三館秘閣書目，付諸郡長吏於所部求訪遺書，故降是詔。」考（元）脫脫《宋史·仁宗本紀》僅云「八年五月壬申，詔求遺書。」（宋）李燾《續資治通鑑長編》卷一九二其文頗簡，（清）徐乾學《資治通鑑後編》卷六八、（清）畢沅《續資治通鑑》卷五九疑襲《續資治通鑑長編》。（宋）王應麟《玉海》卷四三及五二文極簡要，惟與《續資治通鑑長編》稍異。（元）馬端臨《文獻通考·經籍考一》所錄詔文與（宋）程俱《麟臺故事殘本》同，惟缺載年月，與吳及之言相混。（宋）王明清《揮麈前錄》卷一及（宋）楊萬里《揮麈錄》卷上，所錄較《宋史》詳，但較《玉海》簡。由上述諸家記載看，是此次下詔求訪遺書，備受後世所注意。

條注云：

　　　　（嘉祐）六年六月，開獻書之道，詔諸道搜訪。中興書
目有《嘉祐搜訪闕書目》一卷，首載六年六月求遺書詔書。[44]

同年八月，又詔訪七史。據《宋會要輯稿》第五十五冊〈崇儒〉
四之一九〈宋會要・求書篇〉記載：

　　　　（嘉祐）六年八月，詔三館秘閣校宋、齊、梁、陳、後
魏、後周、北齊七史書，有不完者訪求之。[45]

此七史之能傳於今而不滅，其功有益於後世者頗大。

（五）神宗詔求圖籍

　　神宗詔訪圖籍，其績不優，此或由於變法所致。神宗即位後，
有識之士，曾建議朝廷訪書，其搜訪計劃，似較前代精密。據《宋
會要輯稿》第七十冊〈職官〉一八之三〈宋會要・秘書省〉記載：

　　　　（熙寧）四年十月二十九日，集賢院學士史館修撰判秘

---

[44]（宋）王應麟《玉海》卷五二（收入《文淵閣四庫全書》第九四四冊，臺北市：
　　臺灣商務，民國七十二年），頁四一三。諸書缺載，此文可補史籍不足。

[45]（清）畢沅《續資治通鑑》卷五九、（明）解縉《永樂大典》卷一二四二九引
　　（宋）李燾《續資治通鑑長編》並作為八月庚申，餘與（清）徐松《宋會要輯
　　稿》文同，惟（清）徐乾學《資治通鑑後編》卷六九並缺此事之記載。

閣宋敏求言：伏見前代崇建冊府，廣收典籍，所以備人君覽
觀而化成天下。今三館秘閣各有四部書，分經史子集，其書
類多訛舛，雖累加校正，而尚無善本。蓋讎校之時，論者以
逐館幾四萬卷，卷數既多，難為精密，務在速畢，則每秩止
用元寫本一再校而已，更無兼本照對，故藏書雖多，而未及
前代也。臣欲乞先以前《漢書・藝文志》內所有書，廣求本
令在館供職官，重複校正，既畢，然後校後漢時諸書。竊緣
戰國以後及于兩漢，皆是古書，文義簡奧，多有脫誤，須要
諸本參定。欲乞依昨來校七史例，於京師及下諸路藏書之家，
借本繕寫，送官俟其究精。以次方及魏、晉，次及宋、齊以
下，至唐。則分為數等，取其勘者則校正，餘皆置之。庶幾
秘府文籍，得以完善。[46]

惟熙寧七年（一〇七四）有人獻書。據《文獻通考・經籍考》記
載：

　　（熙寧）七年，命三館秘閣編校所看詳。成都府進士郭
　　有直及其子大亨，所藏書三千七百七十九卷，得秘閣所無者
　　五百三卷，詔官大亨為將作監主簿。自是中外以書來上，凡

---

[46] （元）馬端臨《文獻通考・經籍考一》所用文字，與此略同。

　　增四百四十部六千九百三十九卷。[47]

神宗元豐以後，忙於官制的改革，故訪書之事頗少。

（六）徽宗詔求圖籍

　　徽宗訪求遺書，頗為殷勤。下詔求募者三，建議訪求者二，獻書者二，故自熙寧以來，搜訪補輯，至宣和而極盛。

　　依據《宋會要輯稿》第五十五冊〈崇儒〉四之一九〈宋會要‧求書〉記載：

　　　　崇寧二年五月四日，詔兩浙、成都府路有民間鏤板奇書，令漕司取索，送秘書省。[48]

　　第二次下詔訪求者，依據《宋會要輯稿》第五十五冊〈崇儒〉四之一九〈宋會要‧求書〉記載：

　　　　宣和四年四月十八日詔：朕惟太宗皇帝底定區宇，作新斯文，屢下詔書，訪求亡逸；冊府四部之藏，庶幾乎古，歷歲寖久，有司翫習，多致散缺，私室所闕，世或不傳；可令

---

[47] 諸書不載此事，唯獨（元）馬端臨《文獻通考‧經籍考》存之，必別有所據。（清）徐松《宋會要輯稿》第五十五冊〈職官〉一八之四〈宋會要‧秘書省〉：「七年詔置補寫所，六月二十二日監三館秘閣言看詳。崇文院孔目官孟壽安陳詔書內求訪到書籍只各一部。」此可作《文獻通考‧經籍考》文稿來源之旁證。

[48] 古代益州鏤板，向稱發達。元豐五年官制行，崇文院為秘書省。是此文稱送秘書省，亦即取鏤板奇書送館閣收藏。

郡縣諭旨訪求，許士民以家藏書所在自陳，不以卷帙多寡，
先具篇目申提舉秘書省以聞，聽旨遞進，可備收錄，當優與
支賜，或有所秘未見之書，有足觀采，即命以官議以崇獎，
其書錄畢給還，若率先奉行，訪求最多，州縣亦具名聞，庶
稱朕表章闡繹之意。令禮部疾速遍牒施行。[49]

據此，則此次下詔訪求，僅為校對，不在異本的搜訪，故異於崇
寧的詔求。

建言訪求者為秘書省官員，此亦有二次。依據《宋會要輯稿》
第七十冊〈職官〉一八之一四〈宋會要・秘書省〉記載：

大觀四年五月七日，秘書監何志同言：《漢書》、《七
略》凡為書三萬三千九百卷，隋所藏至三十七萬卷，唐開元
間亦不下八萬九千六百卷。慶曆間嘗命儒臣集四庫為籍，名
之曰《崇文總目》，凡三萬六百六十九卷。慶曆距今未遠也，
試按籍而求之，十纔六七；號為全備本者，不過二萬餘卷；
而脫簡斷編，亡散闕逸之數寖多，謂宜及今有所搜採，視慶
曆舊錄有未備者，頒其名數於天下，委逐路漕臣選文學博雅
之士，加意求訪。總目之外，別有異書，並許借傳，或官給
筆札，即其家傳之，就加校定，上之冊府。此外，更有諸處

---

49 （元）馬端臨《文獻通考・經籍考一》有此詔，文同。（宋）程俱《麟臺故事
殘本》卷二中〈書籍篇〉、（清）徐乾學《資治通鑑後編》卷一〇一有明文可
核對。

印本及學者自著之書，臣僚私家文集願得藏之祕府者，皆許本省移文所屬，印造取索。[50]

第二次建言訪求者，也為祕書省官員。依據《宋會要輯稿》第五十五冊〈崇儒〉四之一九〈宋會要·求書〉記載：

政和二年七月十七日，祕書少監趙存誠言：諸州取訪遺書，乞委監官總領，庶天下之書，悉歸祕府。[51]

北宋末期獻書者有二，依據《宋會要輯稿》第五十五冊〈崇儒〉四之二〇〈宋會要·求書〉記載：

宣和五年二月二日，提舉祕書省言：奉旨搜訪士民家藏書籍，悉上送官參校，有無募工繕寫，藏之御府。近榮州助教張頤進五百四卷，開封府進士李東進六百卷，與三館祕閣參校，內張頤二百二十一卷、李東一百六十二卷，委係闕遺，乞加褒賞。詔張頤賜進士出身，李東補迪功郎。

七年四月九日，提舉祕書省言：取索到王闐等家藏書，

---

[50] （清）徐松《宋會要輯稿》第五十五冊〈宋會要·求書〉文與此略同，惟《漢書》作〈漢著〉，應從之。（宋）王應麟《玉海》卷五二僅節錄其文共三十九字。（清）徐乾學《資治通鑑後編》卷九七、（清）畢沅《續資治通鑑》卷九〇缺載，可補其缺。

[51] （清）徐乾學《資治通鑑後編》卷九八、（清）畢沅《續資治通鑑》卷一並稱「七月壬申訪天下遺書。」是七月中訪書，實有其事。何志同、趙存誠之建言，史稱〈從之〉，則《資治通鑑後編》等所言可信。

與三館秘閣見管帳目比對，到所無書六百五十八部、一千五
十一冊軸，計二千四百一十七卷。及集秘書省官校勘，得並
係善本看詳，逐人家藏書籍，比前後所進書數稍多。詔王闡
補承務郎，張宿迪功郎。[52]

依據《文獻通考·經籍一》有一段總結記載：

自熙寧以來，搜訪補緝，至宣和盛矣。至靖康之變，散
失莫考。今見於著錄，往往多非囊時所訪求者，凡一千四百
四十三部、二萬五千二百五十四卷。[53]

據此，熙寧至宣和的詔募，略與宋初同。北宋館閣藏書，其所得
者，諸書記載，尚能考見；然其所失者，卻無法從諸書中考見其
原委，甚至也無法得知其遺佚之情形。

至於私人獻書，不僅量大，而且可能獻出珍本。一般說來，
獻書價值高、數量多，賞賜也就優厚。宋代獻書者所得賞賜各不
一樣，或賜銀兩絹匹，或賜進士出身，或賜書籍，或賜紫章服，
或轉官、補官，或差遣、免解，或減少磨勘年銀。據《宋會要輯
稿》第五十六冊〈崇儒〉五之三四〈中興會要〉記載：

---

[52] （元）馬端臨《文獻通考·經籍一》、（宋）不著撰人《楓窗小牘》卷下所言
與此同。

[53] 同註 37。

　　高宗紹興十三年八月二十三日，詔湖南路安撫司參議官
王銍上《太元經解義》等，令戶部賜銀三百兩。其後又進祖
宋八朝《聖孝通紀論語》，轉一官。[54]

　　王銍因獻書出幾部珍籍，就賜銀三百兩并轉一官，這種賞賜
是很高的，可見政府對詔求之道的重視程度。

　　依據《宋史‧藝文志》，兩宋國家藏書的數量詳見表三：

表三：兩宋時期國家藏書統計表[55]

朝代＼數量		部　數	卷　數	總部數	總卷數
北宋	太祖 太宗 真宗	三、三二七	三九、一四二	六、七〇五	七三、八七七
	仁宗 英宗	一、四七二	八、四四六		
	神宗 哲宗 徽宗 欽宗	一、九〇六	二六、二八九		
南宋	孝宗	（缺）	四四、四八六	（缺）	五九、四二九
	寧宗	（缺）	一四、九四三		

---

[54] （清）徐松輯，《宋會要輯稿》〈崇儒〉五之三四、〈中興會要〉，頁二二六三。

[55] （元）脫脫等纂修，《宋史‧藝文志》序（臺北市：臺灣商務，民國五十五年三月臺一版），頁三。

　　這個統計，副本並未計算在內。據《續資治通鑑長編》卷一九載：「崇文院建成時，三館藏書正副本有八萬卷。」[56]熙寧四年（一〇七一）十月二十九日集賢院學士、史館修撰判秘閣宋敏求云：「三館、秘閣各有四部書，分經、史、子、集，……逐館幾四萬卷。」[57]這就是說神宗初年，三館藏書正副本約有十六萬卷。

　　又據（明）胡應麟《少室山房筆叢》卷一〈經籍會通一〉載：

　　　考諸史藝文志，往往與當時書目相左。……宋《崇文總目》四萬，《中興目》五萬，而史十一萬九千九百七十二卷。蓋史或會萃一代，志但紀錄一時，故不無異同，而《宋史》則深可疑也。[58]

又諸史藝文志所引的藏書數目，往往和當時書目所引的有差異，可能是彼此記錄的年限不同之故。

　　自北宋初期建立崇文院，至南宋政權滅亡，雖然歷經自然災害、戰亂和人為損壞，館閣藏書卻經久不衰，這與宋政府長期堅持館閣藏書的基本典藏很有關係。

---

[56]　（宋）李燾，《續資治通鑑長編》卷一九，頁二八〇。

[57]　（清）徐松輯，《宋會要輯稿》第七十冊〈職官〉一八之三〈宋會要·秘書省〉，頁二七五六。

[58]　（明）胡應麟撰，《少室山房筆叢》卷一〈經籍會通一〉（收入《景印文淵閣四庫全書》第八八六冊），頁一七四。

第三節　官府藏書之整理

　　我國古代由政府主持對官府藏書進行整理而編製目錄，印刷術發明之前，圖書多為寫本，只有政府才有條件抄寫和收藏大量圖書，而官府藏書目錄便成為我國古代目錄中最早出現的形式。

　　從西漢劉向、歆父子所編的《別錄》、《七略》開始，以後各朝大都編有官府藏書目錄，在宋代尤以《崇文總目》為代表。官府藏書目錄以官府藏書為依據，因而大多收錄範圍廣，收書量多，體例也較完備，其多採用四部分類法，對收錄的圖書著錄項目也比較齊全。所以，官府藏書目錄對瞭解我國古代圖書的基本概貌，如圖書的編著、流傳、真偽、存佚以及歷代學術概略等，都有足資考證的作用。

　　宋代在文化事業方面，尤其是對官府藏書的整理，也有很多不同於或超越前代之處。因而宋代在校理圖書的規模，遠超過前代。在校刻圖書方面，也遍及所有的學科門類。在建立起官書整理中心的同時，也建立了一支龐大的校勘工作者，並訂定了細密的制度，其校勘整理的方法也比較全面而先進。

　　唐以前藏書之府和校讎之司，即官書整理機構，是互相一致的。所以，依據《舊唐書‧經籍志》總敘記載：「伏以典籍國之大經，秘府校讎之地」。[59]又據《唐六典》、《唐會要》等書記載，唐代的藏書機構都設有專職校書，即整理人員。如弘文館（宋

---

[59]（後唐）劉昫撰，《舊唐書‧經籍志》總敘（收入《中國歷代藝文志》臺北市：遠東圖書，民國四十五年十一月），頁一九九。

代稱昭文館）有校書郎、校理；集賢院有校理；秘書省有校書郎；
著作局有校書郎、正字；崇文館（太子學宮）有校書郎、正字。[60]

北宋的情形則不同，藏書之府雖有多處，然而整理官書的人
員，卻僅僅設於崇文院。當然，具體從事官書整理工作者，不止
有修撰、檢討、校勘、校理、直館、直院以及龍圖閣學士、直學
士、侍制等，有時兩制學士及其他官吏也被調來做整理工作。而
其地點則一律在崇文院。崇文院掌管秘閣圖籍的整理和校勘，並
負責內府藏書的整理。所以，崇文院既是當時國家的藏書中心，
又是國家的官書整理中心。因此，北宋內府藏書的整理，是在崇
文院進行的。[61]在我國圖書發展史上，如果說，劉向、劉歆父子
等的校書，是對東漢以前書籍的一次定形；那麼，北宋時期的校
印書籍，也可算對北宋以前著作的一次定形。從這個角度而言，
崇文院校書是有深遠意義的。據《續資治通鑑長編》卷一一七載：

　　　　前代經史，皆以紙素傳寫，雖有舛誤，然尚可參讎。至
　　五代官始用墨版摹印六經，誠欲一其文字，使學者不惑。太
　　宗朝又摹印司馬遷、班固、范蔚宗諸史，與六經皆傳。於是
　　世之寫本悉不用。然墨版訛駁，初不是正，而後學者更無它

[60]（唐）張九齡等撰，《唐六典》卷八至十、二六（收入《文淵閣四庫全書》第
　　五九五冊，臺北市：臺灣商務，民國七十二年），頁九二、九八、一〇三、一
　　〇五、二五二。
　　（宋）王溥撰，《唐會要》卷六四至六五（收入《文淵閣四庫全書》第六〇六
　　冊，臺北市：臺灣商務，民國七十二年），頁八二二～八二九。
[61]（宋）李燾撰，《續資治通鑑長編》卷一九（收入《文淵閣四庫全書》第三一
　　四冊，臺北市：臺灣商務，民國七十二年），頁二七九～二八〇。

本可以刊驗。[62]

此語恰好說明印刷術發明以後，尤其是印刷術盛行的初期，校勘圖書的重要意義。

　　據《宋會要輯稿》〈崇儒〉四記載，崇文院除在日常工作中大量校勘藏書之外，為雕印而進行校勘的書籍內容也是多方面的。如真宗咸平三年詔直秘閣黃夷簡等校《三國志》、《晉書》，六年詔崇文院檢討直秘閣杜鎬等校《道德經》，景德二年又詔崇文院校《列子沖虛真經》等，均先由崇文院校勘定本，然後送國子監雕版印行。[63]地方請刻的書，也往往先由館閣校勘，然後鏤版頒行。如天禧四年四月利州轉運使李昉請雕印《四時纂要》及《齊民要術》，付諸道勸農司提舉勸課。[64]即是一例。其它如醫書、韻書等也往往經崇文院校勘後，再下國子監或其它地方刊行。也有由其它機構校定送崇文院刻印的，如仁宗天聖中校刊李善注《文選》、《律文音義》，先由國子監校定淨本，送三館雕印。[65]這畢竟是很少數。

[62]　（宋）李燾撰，《續資治通鑑長編》卷一一七，頁八〇二。

[63]　（清）徐松輯，《宋會要輯稿》第五十五冊〈崇儒〉四之二《宋會要・勘書》，頁二二三一。

[64]　（清）徐松輯，《宋會要輯稿》第五十五冊〈崇儒〉四之五《宋會要・勘書》，頁二二三二。

[65]　（清）徐松輯，《宋會要輯稿》第五十五冊〈崇儒〉四之三《宋會要・勘書》，頁二二三一～二二三二。
　　（清）徐松輯，《宋會要輯稿》第五十五冊〈崇儒〉四之七《宋會要・勘書》，頁二二三三。

　　南宋初年，程俱曾說：「昭文館掌經史子集四庫圖籍修寫校讎之事；集賢院同昭文；史館掌修寫國史日曆及圖籍之事。」[66]崇文院為北宋整理官書，作出了巨大的貢獻。

　　北宋九帝，除欽宗外，其他帝王都很重視官書的整理。西元九六○年，宋王朝建立。宋太祖在平定四方諸國的同時，不忘文治，每消滅一個國家，必籍其圖書，收歸三館或分配到其他政府機構。其時從後蜀、南唐及吳越得到的圖書較多，質量也較高。太祖朝於三館中尤重史館收藏。太祖讀書，其書取自史館，[67]詔求亡佚之書，也是令史館視其篇目，館中所無則收之。[68]這說明史館在當時是三館的核心。

　　據《宋史·藝文志》著錄有《史館新定書目》四卷，又據王應麟《玉海》卷五二引《國史志》云：「乾德六年，史館新定書目四卷。」[69]這說明三館圖籍的整理，自太祖時已經開始。

　　太宗繼位後，宇內基本統一，其注意力轉向內部，除新建三館外，又興建秘閣。而興建秘閣的目的，除了與三館有相同目的之外，是要在三館之外，建立一個特藏書庫。據《宋會要輯稿》第七十冊〈職官〉一八之四七〈宋會要·秘閣〉載：

---

[66] （宋）程俱撰，《麟臺故事殘本》卷一上〈官聯篇〉（臺北市：臺灣商務，民國五十五年），頁一～三。

[67] （元）脫脫等纂修，《宋史》卷二六四、列傳第二三〈盧多遜傳〉，頁九一一八。

[68] （宋）程俱撰，《麟臺故事殘本》卷二中〈書籍篇〉，頁一。

[69] （宋）王應麟撰，《玉海》卷五二，頁四一四。

　　太宗端拱元年五月，詔就崇文院中堂建秘閣，擇三館真本書籍萬餘卷及內出古畫、墨跡藏其中。凡史館先貯天文、占候、讖諱、方術書五千一十二卷、圖畫百四十軸，盡付秘閣。[70]

可見秘閣初建時的收藏圖籍範圍共有三大類：

　　第一、原藏三館的真本書籍，所謂「真本」書籍，即經過校定的本子，今日稱為「善本」。

　　第二、內殿的書畫真跡。

　　第三、天文、方術書籍，即宋代的禁書。

又據《麟臺故事殘本》卷一〈官聯〉載：

　　端拱二年八月，秘書監李至言：自唐世陵夷，中原多故，經籍文物，蕩然流離，近及百年，斯道幾廢。國家承弊之末，復興經籍，三館之書，訪求漸備。館下復建秘閣，以藏奇書，總群經之博要，資乙夜之觀覽。[71]

　　秘閣「總群經之博要」，藏書最為完備。雖詔次三館之後，實居四館之首。由於秘閣是特藏書庫，不僅決定了秘閣在崇文院中的特殊地位及收藏範圍，而且秘閣收藏本與其它三館有所區別。

---

[70]　（清）徐松輯，《宋會要輯稿》第七十冊〈職官〉一八之四七〈宋會要·秘閣〉，頁二七七八。

[71]　同註 64。

　　據《宋會要輯稿》第五十六冊〈崇儒〉五之一九〈宋會要·
獻書升秩〉載:「宋真宗咸平二年,將金紫包裝本《孝經》藏於
秘閣,而另外再抄三本入藏三館。」[72]秘閣收藏為黃本,在崇文
院整理的黃本書籍首先入藏秘閣保存,據《宋會要輯稿》第七十
冊〈職官〉一八之一二載:

　　　　哲宗元祐七年十二月,秘書省言,高麗國近日進獻書冊,
　　訪聞多是異本,館閣所無,乞暫賜頒降副本省立限,謄本乞
　　即時進納,元本別裝寫秘閣黃本收藏。[73]

　　由於秘閣黃本為崇文院定本,所以崇文院藏書的補寫工作也
以秘閣為先。藏書為了進御,校讎亦自精湛。秘閣,事實上是當
時的版本書庫和善本書庫。因此,宋代整理官書,一般都要請秘
閣本對校。

　　三館豐富的藏書和秘閣所藏珍本、善本,為崇文院成為國家
官書的整理中心,提供了必不可缺少的物質條件。太宗一代,整
理官書很有成效。真宗御製《冊府元龜》序云:

　　　　始則編小說而成《廣記》,纂百氏而著《御覽》,集章

---

[72] (清)徐松輯,《宋會要輯稿》第五十六冊〈崇儒〉五之一九〈宋會要·獻書
　　升秩〉,頁二二五六。

[73] (清)徐松輯,《宋會要輯稿》第七十冊〈職官〉一八之一二〈宋會要·秘書
　　省〉,頁二七六〇。

句而制《文苑》，聚方書而撰《神醫》。次則刊廣疏于九經，
校缺疑于三史，修古學于篆籀，總妙言于釋老。洪猷不顯，
能事畢陳。[74]

　　除了最後八個字「洪猷不顯，能事畢陳」，應該說，基本上
是合乎實際的。

　　北宋整理官書，始於太宗朝，而且是以校勘補抄內府藏書的
方式出現。從真宗朝起，館閣藏書（即國家藏書）開始轉化成內
府藏書。所以，真宗朝前期較為重視內府藏書的收藏。《宋史·
藝文志》曾簡略的提到真宗時館閣藏書轉化為內府藏書的情形：
「真宗時，命三館寫四部書二本，置禁中之龍圖閣及後苑之太清
樓。」時為咸平二年（九九九）。按凡言宋代館閣抄寫書籍，都
不是一般的傳錄，而是先校勘整理定本而後謄錄。所以到景德元
年（一○○四）三月，直龍圖閣黃夷簡等上書二萬四千一百六十
二卷，[75]稱校勘新寫御覽書籍。景德二年（一○○四）四月，真
宗說：「龍圖閣書屢經校讎，最為精詳，已復傳寫一本，置後苑
太清樓。」[76]太清樓的傳寫，約成於景德四年（一○○七）三月
之前。[77]

---

[74] （宋）王欽若、楊億等奉敕撰，《冊府元龜》序（臺北市：臺灣中華，民國五
　　十六年）。

[75] （宋）王應麟撰，《玉海》卷五二，頁四一○。

[76] （宋）王應麟撰，《玉海》卷五二，頁四一一。

[77] （宋）王應麟撰，《玉海》卷五二「景德四年，召輔臣登太清樓觀新寫四部群
　　書。」

　　三館精華，歸於秘閣。龍圖閣、太清樓書，又是依據三館秘閣圖書精加讎校整理而成，所以其版本價值是很高的。內府藏書，諸處都在三萬卷左右，這差不多已是當時所能搜羅到的全部典籍。

　　真宗抄寫書籍置禁中之後不久，在大中祥符八年（一○一五），崇文院藏書幾乎被火燒盡，賴有龍圖閣、太清樓等內府藏書，得以保存和流傳下來。此後，宋朝政府以極大的人力、物力來補輯校勘整理館閣藏書，其所用的底本就是太清樓本。真宗朝致力於內府書籍的收藏，使得太清樓藏書在數量和質量兩方面，成為補寫三館秘閣書籍的底本。

　　補寫三館秘閣圖籍之事，自真宗大中祥符八年開始。但終真宗一代，雖盡全力而未能使三館圖籍復全。仁宗在位四十年，也盡最大的力量整理館閣書籍，其中有不少是用在補回祥符八年火災造成的損失上。天聖三年（一○二五）以前十年成書一萬七千六百卷，歸於太清樓。景祐二年（一○三五）以前十年成書二萬二千七百九十一卷，也僅為當時經過審查可以作為三館秘閣正本者。直到嘉祐四年（一○五九），以蘇頌等四人編定四館書籍，才標誌著三館秘閣書籍的補校接近尾聲。因諸館書籍大備，自成體系，方可編目登錄。兩年後，又選曾鞏、沈括等編校四館書籍，則是屬於館閣工作的正常範圍。

　　仁宗朝整理官書的成果，有些在當時並沒有立即顯現出來，如劉放校《後漢書》，在英宗治平年間才完成；歐陽修校《漢書》，在神宗熙寧年間才出版。[78]英宗、神宗時，除了繼續搜訪、補充、

---

[78] （宋）王應麟撰，《玉海》卷四三，頁一九一～一九二。

校勘整理館閣書籍外，還出版大量經過校勘整理的書籍，如神宗校勘和頒定《武經七書》，[79]在校勘學史和軍事學術史上，都有重要的意義。

哲宗朝整理官書，在於補充秘閣圖書和補充三館藏書同時並舉，重點是校勘補充秘閣藏書。依據《宋會要輯稿》第七十冊〈職官〉一八之一四〈宋會要・秘書省〉載：

> 徽宗崇寧二年，戶部言：秘書省見謄寫三館秘閣書籍充秘閣收藏，至今十七年，裝遞成書共二千八十二部。[80]

這是哲宗一代整理的秘閣書籍。另外，整理的三館圖籍也當不少。據《宋史・藝文志》載，北宋一代藏書計六千七百五部，那麼十七年中校定成書二千部也不為少。且就當時而言，藏書的三分之二已得到整理。[81]

哲宗朝整理官書的另一個特點，是充分利用當時已經十分發達的印刷術。宋館閣一直收藏印板書，而明確記載通過印刷途徑牒取出版物，則見於元祐二年（一○八七）：

---

[79] （清）徐松輯，《宋會要輯稿》第五十五冊〈崇儒〉四之八《宋會要・勘書》，頁二二三四。

[80] （清）徐松輯，《宋會要輯稿》第七十冊〈職官〉一八之一四〈宋會要・秘書省〉，頁二七六一。

[81] 據（清）徐松輯，《宋會要輯稿》第七十冊〈職官〉一八之一四〈宋會要・秘書省〉記載「據三館帳籍，猶有一千二百一十三部及闕卷者二百八十九卷未寫。」帳籍即書目。

　　　　館閣無本及不勘者，許于龍圖閣、天章閣、寶文閣、太
清樓及諸官司關借。合要印本書，下國子監用黃紙印造。[82]

通過哲宗朝的努力，圖書的精華部分再次集中於秘閣，秘閣具有
的版本書庫的職能被保存下來。

　　徽宗在文化事業方面，卻有不少貢獻。據《宋史·藝文志》
載：

　　　　徽宗時，以三館書多遺逸，命建局以補全校正為名，設
官總理，募官繕寫，一置宣和殿，一置太清樓，一置秘閣。
自熙寧以來，搜訪補輯至是為盛。[83]

相對於哲宗朝，徽宗更重內府藏書。

　　北宋末期徽宗宣和初年，曾在秘書省設置補完御前書籍所。
據《麟臺故事殘本》卷二中〈書籍篇〉載：

　　　　稍訪天下之書以資校對。以侍從官十人為參詳官，餘官
為校勘官，又進士以白衣充檢閱者數人。及年，皆命以官，
事未畢而國家多故矣。[84]

---

[82] （清）徐松輯，《宋會要輯稿》第七十冊〈職官〉一八之八〈宋會要·秘書省〉，
　　頁二七五八。不堪，宋人校勘用語，意為經審查沒有校勘整理價值的書。反之，
　　堪者，即有必要進行整理。

[83] 同註 16。

[84] （宋）程俱撰，《麟臺故事殘本》卷二中〈書籍篇〉，頁九。

金人南下，欽宗靖康二年（一一二七）北擄二帝，三館秘閣以及
太清樓等處藏書全為金人所取，數量達七萬三千三百七十七卷。[85]

南宋偏安，朝不慮夕，但藏書事業仍然得到進一步發展。高
宗紹興十三年（一一四三）重建秘書省，面臨藏書極為匱乏的情
形下，故而詔置補寫所。南宋補寫所的建立，對補充南宋館閣藏
書起到了應有的作用。

宋人不僅在查明一書的版本源流、著錄沿革和藏棄情形方面
超越前代，而是在校書方法上也將本校、對校、他校、理校綜合
運用。如林億等校定《黃帝內經》、劉攽《東漢刊誤》等。[86]

北宋官書整理事業為豐富校勘方法作出兩項貢獻，一是在前
人的基礎上，找到比較完善和先進的方法，其運用到古籍整理事
業中；另一是雖沒有系統的理論，但已在著手探索校勘理論、校
勘方法中帶有規律性的東西，如《新唐書糾謬》歸納《新唐書》
之失，就可視為探索校讎則例最早的努力。

另外，宋朝政府選人和校勘都有一定的程序和規則。在人選
方面，三館、秘閣都設有校理官，進行經常性文獻整理工作。此
外，又命吏部從州、縣地方官中選拔有文化修養的人，加以考核，
並選送三館、秘閣充任校勘工作。從宋人江少虞的《宋朝事實類
苑》卷三一中可以了解當時校勘官的設置情況：

---

[85] （清）陳夢雷撰、蔣廷錫等奉敕編校，《古今圖書集成》〈經籍典〉卷五〈經
籍總部〉（臺北市：鼎文，民國六十六年），頁二六。

[86] 蕭魯陽，〈北宋校書的方法〉，《河南圖書館季刊》一九八二年第三期，頁四
四。

命吏部銓選幕職州縣官有文學者，先試判策，擇可取者，又送學士院、試詩賦論，命赴三館秘閣校勘。又令翰林學士李維、晁迥、王曾、錢惟演、知制誥盛度、知陳知微於館閣京朝官，令各舉服勤文學者一人，為覆勘官。迥等遂以集賢院校理宋綬、晏殊，直集賢院徐奭、麻溫，直崇文院檢討馬元充選。凡校勘官校畢，送覆校勘官覆校。既畢，遂送主判館閣官檢點校勘，又待制三人覆加點校。皆有程課，以考勤惰焉。[87]

從這一記載中，可以看到北宋政府校勘官的選擇是很嚴格的。當時的一些著名學者如王堯臣、歐陽修、宋綬、晏殊、張觀、宋祁等，都先後擔任此職。當時設校勘官、覆校勘官、點檢官等，由校勘官進行初校，校畢送覆校勘官覆校，覆校後再由主判館閣官點檢校，最後再擇官又加以點校，文獻校勘要經過四道程序，可稱是相當嚴格了。

總之，北宋統治者組織力量，聚書、校書，的確做了許多工作。在聚書方面，使用徵集、募獻、抄寫等多種方法，將能網羅到的五代以前的圖書都收歸國家藏書中心，並多次下求書之詔和公布缺書目錄。在校書方面，成就更為突出，其表現在對國家藏書的多次全面整理，而且一直沒有間斷過。其整理官書，幾乎與整個王朝相始終。其校理圖籍門類之廣、數量之巨，都為前代所

---

[87] （宋）江少虞撰，《宋朝事實類苑》卷三一（收入《文淵閣四庫全書》第八七四冊），頁二六六。

罕見。對於北宋的官書整理事業，正如梁啟超說：「北宋整理官書，歷世不怠。」這句話，是比較合乎實際。

第三章　《崇文總目》與館閣制度

　　宋代館閣是國家藏書機構，兼有國家典籍的編校和收藏兩種
職能。宋人不僅注重書籍的編撰、校勘與雕印，同時朝廷亦重視
館閣的興建，委重臣加以執掌，並隆遇各種館職人員，使得館閣
成為宋代重要文化設施之一。

第一節　館閣機構

　　宋代崇文院通稱三館秘閣，三館是昭文館、史館、集賢院的
合稱，為國家圖書事業的主要機構。崇文院既沿襲了唐、五代以
來中央政府藏書舊制，又成為宋代在官藏史上首次獨立建置單一
的官藏中心。

　　唐代兩京皆有三館，而各為之所，因此逐館命修撰文字，而
宋朝三館合為一，並在崇文院中。[1]據《唐六典》卷八注載：

　　　　武德初置修文館，武德末改為弘文館。神龍元年，避孝
　　敬皇帝諱改為昭文。二年又改為修文。景雲二年改為昭文。

---

[1]　（宋）江少虞撰，《宋朝事實類苑》卷二五〈三館〉條（收入《景印文淵閣四
　　庫全書》第八七四冊，臺北市：臺灣商務，民國七十二年），頁二一三。

開元七年又改為弘文，隸門下省。……儀鳳中以館中多圖籍，置詳正學士校理。自垂拱以來，多大臣兼領。館中有四部書。貞觀初，褚無量檢校館務，學士號為館主，因為故事。[2]

又卷九注載：

開元五年，於乾元殿東廊下寫四部書以充內庫，乃令右散騎常侍褚無量、秘書監馬懷素總其事。……七年於麗正殿安置，為修書使。……十三年召學士張說等宴於集僊殿，於是改名集賢殿，修書所為集賢殿書院，五品已上為學士，六品已下為直學士，以說為大學士知院事。[3]

又據《通典》卷二一載：

武德初，因隋舊制，官史屬秘書省著作局。至貞觀三年移史館於門下省北，宰相監修。自是著作局始罷史職。及大明宮初成（貞觀八年），置史館於門下省之南。開元二十五年，宰相李林甫監史，以中書地切樞密，記事者宜其附近史館。諫議大夫尹愔遂奏移於中書省北。[4]

---

[2] 唐玄宗御撰、（唐）李林甫等注，《唐六典》卷八（收入《景印文淵閣四庫全書》第五九五冊，臺北市：臺灣商務，民國七十二年），頁九二。

[3] 唐玄宗御撰、（唐）李林甫等注，《唐六典》卷九，頁九八。

[4] （唐）杜佑撰，《通典》卷二一（收入《景印文淵閣四庫全書》第六〇三冊，臺北市：臺灣商務，民國七十二年），頁二五九。

　　唐之三館屬中書、門下兩省，各有其所，各有其務，所以有相當之名稱，弘文館（昭文館）有四部書，設學士檢校；集賢殿負責修書；史館則修史。因為三館位居清要，所以由次相兼領，此與宋時三館不同。所以，昭文館在唐武德初建立時稱修文館，後又改稱弘文館。後梁末帝貞明（九一五～九二○）年間，始置三館於汴都禁中。據《職官分紀》卷一五載：

　　　　唐昭文館隸門下省，史館寓集賢，尚未合為一；梁遷都於汴，舊制未備，至貞明中始以今右長慶門東北小屋數十間為三館。[5]

　　宋太祖建隆元年（九六○）二月，因避宣祖弘殷諱，下詔將弘文館易名為昭文館。[6]

　　宋初，三館在右長慶門東北，亦稱西館，即後梁建館的舊館，僅有小屋數十間，建築十分簡陋，是不適宜於做圖書館的。當時設置的原因可能為了修史，那時圖書不多，不需要像唐代分地收藏，於是因陋就簡，仍然襲用唐制三館之名，但無三館之實。據《宋會要輯稿》第七十冊〈職官〉一八之五○〈宋會要・崇文院〉記載：

---

[5]　（宋）孫逢吉撰，《職官分紀》卷一五（收入《景印文淵閣四庫全書》第九二三冊，臺北市：臺灣商務，民國七十二年），頁三六六。

[6]　（清）徐松輯，《宋會要輯稿》第七十冊〈職官〉一八之五○〈宋會要・崇文院〉（臺北市：世界，民國六十六年五月再版），頁二七七九。
　　（宋）王應麟撰，《玉海》卷一六五「建隆元年二月，詔改弘文館為詔文館」。

　　湫隘卑痹，僅庇風雨。周廬徼道出於其旁，衛士騶卒，
朝夕喧雜。每受詔撰述，皆移他所。[7]

　　太宗繼位後，命有司別建三館，太平興國三年（九七八）二
月，以三館新修書院為崇文院，盡遷西館之書入藏。據《宋會要
輯稿》第七十冊〈職官〉一八之五〇〈宋會要・崇文院〉記載：

　　太平興國二年，太宗幸三館，顧左右曰：是豈以蓄天下
圖書，待天下之賢俊耶？即日詔有司度左昇龍門東北車府地
為三館，命內侍督工徒，晨夜兼作，其棟宇之制，皆帝所親
授自舉，車駕凡再臨幸。三年二月丙辰朔，成。有司奏功畢。
乃下詔曰：國家聿新崇構，大集群書，宜錫嘉名，以光策府，
其三館新脩書院，宜為崇文院。[8]

　　崇文院建成後，採取了下詔徵集圖書，並公佈缺佚書目錄，
搜集公私新撰圖書和政府出版品，充實館藏等方法，使收藏圖書
無論在數量和質量方面，都有明顯的提高。有關崇文院的建築和
內部的設備，記載不多，但崇文院在宋代朝廷建築中是很突出的。
據《玉海》卷一六八稱：崇文院「輪奐壯麗，冠乎內庭，近世鮮

7　（清）徐松輯，《宋會要輯稿》第七十冊〈職官〉一八之五〇〈宋會要・崇文
　　院〉（臺北市：世界，民國六十六年五月再版），頁二七七九。

8　同上註。

比。」[9]其佈置概況，據《宋會要輯稿》第七十冊〈職官〉一八之五〇〈宋會要・崇文院〉記載：

> 既成，盡遷西館之書，分為兩廊貯焉。以東廊為昭文書庫，南廊為集賢書庫，西廊分經、史、子、集四部為史館書庫，凡六庫書籍，正副僅八萬卷。初乾德中平蜀得書萬三千卷，開寶中平吳得書二萬卷，參以舊書為八萬卷，凡六庫書籍，皆以類相從。[10]

　　太宗又下詔開敞御苑，廣植花木，引溝水築池、灌花。院內分東、南、西三廊六庫藏書，用雕木做書架，再用青綾為簾幕。[11]

　　太宗端拱元年（九八八）五月，下詔就崇文院中堂建祕閣，分三館書萬餘卷藏之。有關祕閣的宏麗，有兩段記載。據沈括《夢溪筆談》卷二四〈雜志一〉：「內諸司舍屋，唯祕閣最宏壯。閣下穹隆高敞，相傳謂之『木天』。」[12]又據程俱《麟臺故事殘本》卷一〈省舍〉記載徽宗時的祕閣：「朱碧輝煥棟宇宏麗，上鄰清

9　（宋）王應麟撰，《玉海》卷一六八（收入《景印文淵閣四庫全書》第九四七冊，臺北市：臺灣商務，民國七十二年），頁三五六。

10　（清）徐松輯，《宋會要輯稿》第七十冊〈職官〉一八之五〇〈宋會要・崇文院〉，頁二二七九。案（宋）李燾《續資治通鑑長編》卷一九、（宋）孫逢吉《職官分紀》卷一五、（宋）王應麟《玉海》卷五二及一六八、（元）馬端臨《文獻通考・經籍考一》等，所述略同。

11　（清）徐松輯，《宋會要輯稿》第七十冊〈職官〉一八之五〇〈宋會要・崇文院〉，頁二七七九。

12　（宋）沈括著，《夢溪筆談》卷二四〈雜志一〉（長沙市：岳麓書社，一九八四年四月），頁一九九。

都，為京城官府之冠。」[13]在其建築物的防火條件不足時，未能做到分地收藏。沈括說：

> 前世藏書，分隸數處，蓋防水火散亡也。今三館秘閣，凡四處藏書，然同在崇文院。[14]

秘閣既為特藏書庫，在政府藏書中甚為重要，兩宋時期曾多次詔令增修秘閣。

第一次增修秘閣，是在太宗淳化三年（九九二），據《玉海》卷一六三載：

> 淳化三年五月，詔增修秘閣先是度崇文院之中堂為秘閣，而址層宇未立，書籍止置偏廡內，至是始命修之，八月閣成。……以御製秘閣贊刻石，詔其贊并序，朕兼為親書并篆額，以旌秘省。[15]

第二次增修秘閣，是在真宗景德四年（一〇〇七），據《玉海》卷一六三載：「景德四年五月，幸館閣周覽圖籍，以秘閣地狹分內藏西庫，以廣之。」[16]秘閣設置至此已有二十年，政府藏

---

13 （宋）程俱撰，《麟臺故事殘本》卷一〈省舍篇〉（收入《景印文淵閣四庫全書》第五九五冊，臺北市：臺灣商務，民國七十二年），頁三〇九。

14 （宋）沈括著，《夢溪筆談》卷一，頁六。

15 （宋）王應麟撰，《玉海》卷一六三，頁二七一～二七二。

16 同上註，頁二七二。

書愈來愈多，秘閣原建在崇文院之中堂，位置狹窄，不能滿足藏書的需要，有必要擴充館舍，於是有第二次的增修。

　　第三次增修秘閣，是在北宋末年徽宗時。據《玉海》卷一六三載：「徽宗即位二年，重修秘閣，崇寧元年成。」[17]

　　第四次增修秘閣，是在南宋寧宗嘉定六年（一二一三），據《南宋館閣續錄》卷二載：

　　　　嘉定六年夏，三館以積久頹弊，申蒙朝廷降錢，委工部并本省長貳計置修益，以六月十八日興工，八年七月畢，共約費錢九萬餘貫，中外一新焉。[18]

　　第五次增修，是在南宋理宗紹定四年（一二三一），據《南宋館閣續錄》卷二載：

　　　　紹定四年秋，三館因居民遺漏延燎，僅存著作庭及後園。本省具申朝廷降錢，委轉運司臨安府計置起造。以十一月一日興工，……紹定十月畢工，共約費三十五萬餘貫，中外鼎新規模一如舊式。[19]

───────────

[17] 同註 15。

[18] （宋）不著撰人，《南宋館閣續錄》卷二〈省舍〉（收入《景印文淵閣四庫全書》第五九五冊，臺北市：臺灣商務，民國七十二年），頁四六九。

[19] （宋）不著撰人，《南宋館閣續錄》卷二〈省舍〉，頁四七〇。

　　秘閣新建後，三館、秘閣均在崇文院中，合稱「館閣」或「四
館」。

圖一：宋汴京宮城圖[20]

---

[20] 黃潮宗，〈宋代的國立圖書館〉，《大陸雜誌》第四十六卷第二期，民國六十
二年二月，頁七九。

　　崇文院歷經四十年後，不幸於真宗大中祥符八年（一○一五），因榮王宮火災，而延及崇文院。依據《麟臺故事殘本》卷二中〈書籍篇〉記載：「（真宗大中祥符）八年夏，榮王宮火延燔崇文院祕閣，所存無幾。」[21]

　　依據《玉海》卷一六八記載：

　　　　翰林學士陳彭年上言：唐制中書、門下兩省，宮城之內，有內省；宮城之外，有外省。請於左右掖門外建外院，別置三館書庫。壬辰詔：於右掖門外，別置崇文外院。[22]

　　但原址仍舊重修，作其他收藏之用。依據《職官分紀》卷一五記載：

　　　　今欲據祕閣舊日屋宇間數重修，奉安太宗聖容及御書，頓置供奉書籍——天文、禁書、圖畫，其四廊並充書庫及史館日曆庫，應館閣直閣、校理、宿直校勘及抄寫書籍雕造印板，並就外院。[23]

---

[21] （宋）程俱撰，《麟臺故事殘本》卷二中〈書籍篇〉（臺北市：臺灣商務，民國五十五年），頁五。
　　案（宋）王應麟《玉海》卷一六八、（元）馬端臨《文獻通考‧經籍考一》、（清）畢沅《續資治通鑑》卷三二所記略同，惟（宋）王明清《揮麈前錄》卷一、（宋）楊萬里撰，《揮麈錄》卷上並言：「八年榮王宮火，延三館，焚芸殆遍，於是出禁中本，就館閣傳寫。」所謂就館閣傳寫，即《玉海》卷一六八注所謂「借太清樓本補寫」。

[22] （宋）王應麟撰，《玉海》卷一六八，頁三五七。

[23] （宋）孫逢吉撰，《職官分紀》卷一五，頁三六六～三六七。

　　天禧元年（一〇一七），詔崇文外院以三館為額。至仁宗天
聖九年（一〇三一）十一月，仁宗以逼近市囂，非多士討論之所，
[24]於是復遷三館於崇文院。依據《職官分紀》卷一五記載：

　　　　天聖九年，詔徙三館於崇文院，舊在左掖門內右昇龍門
　　外，前列三館，後構秘閣，分藏群書。自大中祥符八年宮城
　　延燔，以寫錄編籍權徙右掖門外道北。至是仁宗以逼近市囂，
　　非多士討論之所，命還舊所焉。[25]

　　據此，崇文院二度沿革，頗為明晰。但仍非最後定址。在這
樣一個非常時期，宋政府能夠這樣有計劃的遷移藏書，以圖百年
之安，由此可見其對圖書典籍的重視程度。
　　神宗元豐五年（一〇八二），改崇文院為秘書省。依據《麟
臺故事殘本》卷一〈省舍〉記載：

　　　　嘉祐四年，還崇文院于禁中內藏庫，請以前十三間與三
　　館，詔：從之。元豐六年，復以還內藏庫。元祐二年，既復

　　案（宋）孫逢吉《職官分紀》卷一五、（宋）王應麟《玉海》卷一六八注、（清）
　　畢沅《續資治通鑑》卷三二、（元）馬端臨《文獻通考・經籍考一》文簡意同。
[24] 語本（宋）王應麟《玉海》卷一六五及一六八、（清）徐松《宋會要輯稿》第
　　七十冊〈職官〉一八之五二〈宋會要・崇文院〉。
[25] （宋）孫逢吉撰，《職官分紀》卷一五，頁三六七。
　　案（清）徐松《宋會要輯稿》第七十冊〈職官〉一八之五二〈宋會要・崇文院〉
　　作「九年十一月八日」，文與此同。是孫氏本會要、（宋）王應麟《玉海》卷
　　一六五及一六八，並節錄會要文。

置館職，在省凡二十餘員，遂以大慶殿中朝服法物庫與內藏庫，而嘉祐所廣十三間，復以歸秘書省，于是遂定。[26]

神宗元豐五年用王安石變法，改革官制，將崇文院改為秘書省，廢除館職，設置秘書省職事官管理秘書省圖籍工作。崇文院的名稱至此雖廢，但三館秘閣的工作仍然繼續進行，直到欽宗靖康二年（一一二七），金兵破開封，三館秘閣的藏本散失，北宋崇文院的歷史才真正結束（高宗建都臨安後，設秘書省於國史院）。所以終北宋之世，崇文院的名稱雖有改變，藏書地址也幾經遷移，但它的國家圖書館的性質，是始終未變的。

第二節　館職設置

漢魏以來，朝廷設秘書監管理圖書典籍事務。秘書監在朝廷中的地位顯要，官員待遇亦隆厚。唐代藏書設置集賢院、弘文館等，按館、閣分別安排官員管理，秘書監則退於次要地位。

宋代基本上承襲唐代舊制，雖有秘書監，但三館、秘閣和六閣等都分別配置官員各司其事，秘書監只是徒有其名而已。館閣職務地位頗高，成為擢升高級官僚的重要途徑，也是進行學術著

---

[26] （宋）程俱撰，《麟臺故事殘本》卷一〈省舍篇〉，頁三〇八。
　　案（清）徐松《宋會要輯稿》第七十冊〈職官〉一八之五三〈宋會要·崇文院〉作「四年九月，詔以內藏西庫地還崇文院」與（宋）程俱《麟臺故事殘本》所言合。

述和個人進修之所。因此,從北宋到南宋,一些著名的政治家、文學家、史學家,如歐陽修、包拯、王安石、司馬光等,大都曾側身於館閣。

宋代館閣設立與秘書監職能的變遷,大致經歷了幾個階段:

北宋初至元豐改制,朝廷中秘書監依然存在,但因崇文院和秘閣陸續建立,並設立專門官員,故秘書監職能削弱,秘書官員替代秘書職能。據《文獻通考》卷五六〈職官十〉記載:

> 淳化元年,詔秘閣次三館,秘書省仍隸京百司。時秘書雖有監、少監、丞、郎、校書郎、正字、著作郎佐,皆以為寄祿官,常帶出入。郎官至秘書監,有特令供職者,有以他官兼領者,有以判秘閣官兼判者。凡邦國經籍圖書悉歸秘閣,而秘書所掌,常祭祀祝版而已。[27]

元豐改制至北宋末,恢復秘書監職能,改崇文院為秘書省,罷館職,三館職事由秘書省統一領導,設立秘書監、秘書少監以及正字等官,並規定校領他局,專管圖書典籍之事。

南宋時期,仍設立秘書監、少監和其他官員,管理圖書典籍事宜。

宋代官制雖仍唐舊而徒存其名,百司互以他官主判,雖有正官,非別敕不治本司事。據馬端臨《文獻通考》卷四七〈職官考

---

[27] (元)馬端臨撰,《文獻通考》卷五六〈職官十〉(收入《景印文淵閣四庫全書》第六一一冊,臺北市:臺灣商務,民國七十二年),頁三○七～三○八。

一〉之〈官制總序〉云：

> 宋朝設官之制，名號品秩一切襲用唐舊，然三師、三公
> 不常置，宰相不專用三省長官。……臺、省、寺、監官無定
> 員，無專職，悉皆出入分蒞庶務，故三省六曹二十四司互以
> 他官典領，雖有正官，非別敕不治本司事，事之所寄，十七
> 二三。故中書令、侍中、尚書令不與朝政，侍郎、給事不領
> 省職，左右諫議無言責，而起居郎、起居舍人不執記事之筆，
> 中書常闕舍人，門下罕除常侍，補闕、拾遺改為司諫、正言，
> 而非特旨供職，亦不任諫諍，至於僕射、尚書、丞、郎、郎
> 中、員外居其官不知其職者十常七八。[28]

此云以他官典領，亦即以他官掌本司職事，謂之差遣。據《文
獻通考》卷四七〈職官考一〉之〈官制總序〉云：

> 官人授受之別，則有官，有職，有差遣。官以寓祿秩，
> 敘位者，職以待文學之選，而以別差遣治內外之事。其次又
> 有階，有勳，有爵，故士人以登臺閣陞禁從為顯官，而不以
> 官之遲速為榮滯，以差遣要劇為貴途，而不以階勳爵邑有無
> 為輕重。[29]

> 職事與本官不相稱，造成官制之紊亂，於是官不任事，

---

[28]　（元）馬端臨撰，《文獻通考》卷四七〈職官一〉之〈官制總序〉，頁一三六。
[29]　同上註。

　　如別無差遣，則以寄祿。

　　宋代三館、學士院、諸殿閣學士及館職、貼職皆職名。館職、貼職，通謂之館閣。據李攸《宋朝事實》卷九〈官職〉秘書省條注載：

　　　崇文院，太平興國三年置，端拱二年建秘閣于院中。昭文館、史館、集賢院皆沿唐制立名，但有書庫寓于崇文院廡下。三館、崇文院各置貼職官，又有集賢殿修撰、直龍圖閣校勘，通謂之館閣。[30]

據葉夢得《石林燕語》卷六載：

　　　國朝以史館、昭文館、集賢院為三館，皆寓崇文院。其實別無舍，但各以庫藏書，列於廊廡間爾。直館、直院謂之館職，以他官兼者謂之貼職。元豐以前，凡狀元制科一任還，即試詩賦各一而入，否則用大臣薦而試，謂之入館。官制行，廢崇文院為秘書監，建秘閣於中。自少監至正字列為職事官，罷直館、直院之名，而書庫仍在，獨以直秘閣為貼職之首，皆不試而除，蓋特以為恩數而已。[31]

---

[30] （宋）李攸撰，《宋朝事實》卷九〈官職〉（臺北市：臺灣商務，民國五十七年三月臺一版），頁一四八。

[31] （宋）葉夢得撰，《石林燕語》卷六（收入《景印文淵閣四庫全書》第八六三冊，臺北市：臺灣商務，民國七十二年），頁五九二。

又據洪邁《容齋隨筆》卷一六〈館職名存〉條云：

> 國朝館閣之選，皆天下英俊，然必試而後命，一經此職，遂為名流。其高者曰集賢殿修撰、史館修撰、直龍圖閣、直昭文館、史館、集賢院、秘閣；次曰集賢、秘閣校理；官卑者曰館閣校勘、史館檢討，均謂之館職。[32]

另據周煇《清波雜志》卷一二載：

> 貼職初止有集賢殿修撰、直龍圖閣、秘閣三等耳。政和間，詔謂天下人才富盛，赴功趨事者眾，官職寡少，不足褒延多士，乃增置集英、右文、秘閣修撰三等，龍圖至秘閣凡六等。[33]

因此，「職」一般指昭文館、史館、集賢院（三館）和秘閣中的官職，如大學士、學士、待制等，是授予較高級文臣的清貴的頭銜，並非實有所掌。宋神宗元豐三年（一〇八〇）官制改革，撤銷館職，另設秘書省職事官，自秘書監丞、著作郎以下，皆稱館職。其他文臣兼帶館職，武臣帶閤門宣贊舍人，則稱貼職。因

---

[32] （宋）洪邁撰，《容齋隨筆》卷一六〈館職名存〉（臺北市：臺灣商務，民國六十八年六月臺一版），頁一五三。

[33] （宋）周煇撰，《清波雜志》卷一二（收入《景印文淵閣四庫全書》第一〇三九冊，臺北市：臺灣商務，民國七十二年），頁八四～八五。

官場中有時也稱各種差遣為職，故常以職名來稱呼貼職，以示區別。所以，館職是指管理館閣藏書的一切大小官員。（見表四）

表四：宋代館閣職官表[34]

館閣職稱	館閣執事人員
領閣事	集賢院大學士　昭文館大學士　秘閣領閣事　秘書監
提舉閣事	提舉秘書省
直閣事	直昭文館　直秘閣　集賢院直學士　秘書少監　秘書丞
校理	集賢校理　秘閣校理　崇文院校勘　秘書郎　校書郎
檢閱	秘書正字　崇文院檢閱官
內務府辦事司員	崇文院同勾當官
修撰	史館修撰　實錄院修撰　集賢殿修撰
編修	史館編修
檢討	史館檢討

崇文院中設置館職的目的，主要培養高級行政人才。仁宗一再強調：「館職所以待英俊」、「聯設三館以育才」；英宗也說：「館職所以育俊才」。[35]仁宗明道年間，諫官陳升不滿意當時館職的選任，提出批評說：「比來，館閣選任益輕，非所以聚天下

---

34 （清）永瑢、紀昀等奉敕撰，《欽定歷代職官表》卷二三、卷二五（收入《景印文淵閣四庫全書》第六○一冊，臺北市：臺灣商務，民國七十二年），頁四三六～四三七、四七八～四七九。

35 （宋）程俱撰，《麟臺故事殘本》卷三〈選任篇〉，頁三二三～三二四。

賢才長育成就之意也。」[36]可見館職是在育才。

　　館職的工作主要是編校三館秘閣藏書，擔任官修書籍的編纂和參與朝廷大典禮政事的討論。前二者屬於圖書館的內部工作，而後者則屬於禮儀政務的範圍。何以館臣能參與政務的討論？因為他們身處藏書豐富的崇文院，博學多聞，能考古今之宜，對施政能提供寶貴意見之故。依據程俱《麟臺故事殘本》卷三〈選任篇〉記載，有對此的解釋：

　　　　祖宗時，有大典禮政事，講究因革，則三館之士，必令預議，如范仲淹議職田狀，蘇軾議貢舉者，即其事也。詳議典禮，率令太常禮院與崇文院詳定以聞。蓋太常禮樂之司，崇文院簡冊之府，而又國史典章在焉。合群英之議，考古今之宜，則其施于政事典禮，必不詭于經李理矣。[37]

　　元豐改制以後，秘書省設秘書監、少監、丞、郎等職。秘書監與原館閣大學士相當，統管朝廷圖書典籍事務；秘書省監及秘書丞，與原館閣直學士相當，參與主持省務，掌領書籍國史曆數之事；秘書郎與原館閣校理相當，掌校圖書分貯；校書郎或正字，掌校讎典籍，刊正訛謬，從事具體的圖書勘對。

　　宋代沿唐制，昭文館、集賢院設大學士，史館有監修國史，皆由宰相兼領。據《玉海》卷一六五載：

[36] 同註 35，頁三二二。

[37] 同註 35，頁三二五～三二六。

　　昭文、集賢有大學士,史館有監修國史,皆以宰相兼領。
昭文、集賢置學士、直學士;史館、集賢置修撰,史館有直
館檢討,集賢有直院校理;崇文有檢討校書,皆以他官領之。
初,昭文隸門下省,史館寓於集賢,後合為一。[38]

　　三館秘閣又各設學士,直學士,如直昭文館、直集賢院、直
史館、直秘閣。據《宋朝事實類苑》卷二九載:

　　淳化初,以呂祐之、趙昂、安德裕、勾中正,並直昭文
館,則本朝直昭文館,自呂祐之等始也。集賢有直院、有校
理:端拱初,以李宗諤為集賢校理;淳化初,以和曚為直集
賢院,則本朝直集賢校理,自和曚、李宗諤始也。史館有直
館、有修撰、有編修、有校勘、有檢討,太平興國中,趙鄰
幾、呂蒙正,皆為直史館,掌修撰,而楊文舉為史館編修,
是時修撰未列于職,至至道中,始以李若拙為史館修撰。雍
熙中,以宋炎為史館校勘,淳化中,以郭延澤、董元亨為史
館檢討,則本朝直史館編修、史館修撰、史館檢討、史館校
勘,自趙鄰幾、呂蒙正、李若拙、楊文舉、宋炎、郭延澤、
董元亨等始也。[39]

---

[38]　(宋)王應麟撰,《玉海》卷一六五,頁三一三。

[39]　(宋)江少虞撰,《宋朝事實類苑》卷二九(收入《景印文淵閣四庫全書》第
　　八七四冊,臺北市:臺灣商務,民國七十二年),頁二四八。

又據《宋朝事實》卷九〈官職〉載：

> 端拱元年，詔分三館之書萬餘卷，別為書庫，目曰秘閣。
> 以吏部侍郎李至兼秘書監，右司諫直史館宋泌兼直秘閣，右
> 贊善大夫史館檢討杜鎬為校理，而直秘閣、秘閣校理之官始
> 於此。[40]

其次是集賢校理、秘閣校理；再其次是崇文院校勘、檢討、
同勾當官等。史館又有修撰、編修、檢討等職。據《麟臺故事殘
本》卷四〈官聯篇〉載：

> 宋集賢院大學士一人，以宰相充。學士無定員，以給諫
> 卿監以上充。直學士不常置，掌同昭文。判院事一人，以兩
> 省五品以上充或差二人。三館通為崇文院，別置官吏。有檢
> 討，無定員，以京朝官充；校勘，無定員，以京朝幕府州縣
> 官充，掌聚三館之圖籍。監一人，內侍充，兼監秘閣圖書。
> 天禧五年，又置同勾當官一人。……淳化元年，詔次三館直
> 閣，以朝官充。校理以京朝官充，掌繕寫秘藏，供御典籍圖
> 書之事。判閣一人，舊常以丞郎學士兼秘書監領閣事。大中
> 祥符九年後，以諸司三品兩省五品以上官判。國初，又置秘
> 閣校理，通掌閣事。咸平後，皆不領務。史館舊寓集賢院，

監修國史以宰相充。……修撰以朝官充，直館以京朝官充，
又有檢討、編修之名，不常置。[41]

三館秘閣還設有監官、勾當官、孔目官、庫子等職，參與館
閣藏書的管理工作。[42]

龍圖閣，設有學士、直學士、待制、直閣等官。學士，大中
祥符三年置，以杜鎬為之；直學士，景德四年置，以杜鎬為之；
待制，景德元年置，以杜鎬、戚綸為之，並依舊充職。由於其閣
是收藏皇帝御製之所，故其官視三館。[43]所以，談到館職時也會
涉及龍圖閣的學士、直學士和待制。

北宋初期，秘書省設有秘書監、少監、秘書丞、秘書郎、校
書郎、正字、著作郎、著作佐郎。因秘書省國初並無圖籍，只需
掌管常祀祝文之事，故秘書省官員實際上為一種寄祿官，北宋中
期神宗改制，崇文院改名為秘書省，館閣職事官皆廢，一切圖籍
事務由秘書省職事官負責。據《文獻通考》卷五六〈職官十〉記
載：

神宗元豐正名以崇文院為秘書省，既罷館職。盡以三館

---

[41] （宋）程俱撰，《麟臺故事殘本》卷四〈官聯篇〉，頁三二七。

[42] 同上註，頁三二八。

[43] （元）脫脫等撰，《宋史》卷一六二〈職官二〉（臺北市：鼎文，民國六十七
年九月），頁三八一九。

> 職事歸秘書省。置秘書省職事官,自監至正字,不領他局。[44]

此時,原秘書省寄祿官都轉為職事官。宋神宗官制實行正從九品制,共十八品,秘書省官員品位分別為:秘書監正四品,秘書少監從五品,秘書丞、著作郎從七品,秘書郎、著作佐郎正八品,校書郎、正字從八品。[45]

宋哲宗元祐黨人執政,又恢復原來的官制。秘書省職事官基本上沒有變動,僅將著作郎從正八品降到從八品,著作佐郎自從八品降到正九品,但這一時期名稱更換頻繁。據《宋會要輯稿》第七十冊〈職官〉一八之一三〈宋會要·秘書省〉載:

> 哲宗元祐四年四月,詔職事官罷帶職,非職事官仍舊許帶。易集賢院學士為集賢殿修撰,直集賢院為直秘閣,集賢校理為秘閣校理,見帶人並改正。[46]

徽宗政和以後,實行「貼職」,共分九等。[47]所謂「貼職」,本是一種附加官銜,但它在各種附加官銜中最大。加帶是種令人羨慕的榮譽,在升官階時,同時得到超遷的優待。文官「貼職」

---

[44] (元)馬端臨撰,《文獻通考》卷五六,〈職官十〉,頁三〇八。

[45] (清)徐松輯,《宋會要輯稿》第七十冊〈職官〉一八之二〈宋會要·秘書省〉,頁二七五五。

[46] (清)徐松輯,《宋會要輯稿》第七十冊〈職官〉一八之一三〈宋會要·秘書省〉,頁二七六一。

[47] 同註33。

的一種方式，就是在館職中增加集賢修撰、直秘閣。一般情況，卿監資格的可帶集賢修撰，京官以上可帶直秘閣。

至於秘書省職事官的職責，從《宋史》卷一六四〈職官四〉中可知：「監掌古今經籍圖書、國史實錄、天文曆數之事，少監為之貳，而丞參領之。」[48]

秘書省的實際工作可分為三大部分：一為著作郎、著作佐郎負責編修時政記、起居注、修纂日曆、祭祀祝辭；二為秘書郎負責刊寫並典藏集賢院、史館、昭文館、秘閣經籍圖書；三為校書郎、正字負責編輯校定之事。[49]

值得注意的是北宋與南宋都設有史館修撰、史館檢討二職，但意義有所不同，正如洪邁《容齋隨筆》卷五〈史館玉牒所〉條所云：

> 國朝熙寧以前，秘書省無著作局，故置史館修撰、直館之職。元豐官制行有秘書官，則其職歸于監、少及著作郎、佐矣。而紹興中復置史館修撰、檢討，是與本省為二也。[50]

關於館職的範圍，清代錢大昕在《廿二史考異》卷七一曾作過考證。他說：

---

[48] （元）脫脫等撰，《宋史》卷一六四〈職官四〉，頁三八七三。

[49] 同上註。

[50] （宋）洪邁撰，《容齋隨筆》卷五〈史館玉牒所〉條，頁四九。

　　　　自太宗建崇文院及秘閣，而後士大夫以館職為榮，皆試
而後除，曰直昭文館、直集賢院、直史館、直秘閣；其次為
集賢校理、秘閣校理；又有次為館閣校勘；皆館職也。其除
授則由校勘遷校理，又由校理遷直館、直院，亦有召試徑除
直館、直閣者。[51]

　　館閣也有等第之分，依據《容齋四筆》卷一〈三館秘閣〉條
載：

　　　　國朝儒館仍唐制，有四：曰昭文館、曰史館、曰集賢院、
曰秘閣。率以上相領昭文大學士，其次監修國史，其次領集
賢。若只兩相，則首廳秉國史。唯秘閣最低，故但以兩制判
之。四局各置直官，均謂之館職，皆稱學士；其下則為校理、
檢討、校勘；地望清切，非名流不得處。[52]

宋代在庶官之外，別加職名，所以厲行義、文學之士[53]。

　　有了職名就被看作文學名流，甚得皇帝重視。由於三館的地
位崇高，北宋很多著名人物，例如范仲淹、王安石、歐陽修、蘇
軾、沈括等，都擔任過館職。在當時的士大夫中間，形成一種風

---

[51] （清）錢大昕撰，《廿二史考異》卷七一（京都：中文，一九八〇年），頁一
一七一。

[52] （清）洪邁撰，《容齋四筆》卷一〈三館秘閣〉條，頁三。

[53] （元）脫脫等纂修，《宋史》卷一六二〈職官二〉之〈總閣學士直學士〉條，
頁三八一八。

氣，以得一館職為榮，甚至有人因未得館職而引為畢生憾事，梅堯臣就是一例。據歐陽修《歸田錄》卷下注載：

> 梅聖俞以詩名當世，然終不得一官職。晚年在唐書局充修書官，尚冀書成酬勞得一貼職，以償素願，書垂就而卒，時人莫不歎其奇薄。[54]

由此可見館職在士大夫心目中的地位。

因而，三館秘閣官員按照職務高低，分為幾等：

第一等是判官，有判昭文館、判史館、判集賢院，由兩省五品以上官員擔任。判秘閣，通常以丞、郎、學士兼任；判史館，由朝官中官位最高的人擔任。

第二等是直館，有直昭文館、直史館、直集賢院，以京朝官擔任。直秘閣，以朝官擔任。三館中以直昭文館地位最高，其次直史館，再次直集賢院，直館直閣皆無定員。

第三等有檢討、校理、編修，如集賢校理、秘閣校理、史館檢討、崇文院檢討等，由京朝官擔任，皆無定員。

第四等為館閣校勘官，由京朝官、幕府、州縣官、選人皆可擔任。其中選人任職三年，可改京官，京官選職三年或四年，可升為校理。

上述四等職事官皆常設館職，但隨著館閣藏書工作的需要，

---

[54] （宋）歐陽修撰，《歸田錄》卷下（收入《景印文淵閣四庫全書》第一○三六冊，臺北市：臺灣商務，民國七十二年），頁五五○。

還臨時設置館職。據《麟臺故事殘本》卷二〈職掌篇〉載：

> 宋仁宗嘉祐四年二月，置館閣編定書籍官，以秘閣校理
> 蔡杭、陳襄，集賢校理蘇頌，館閣校理陳絳分史館、昭文館、
> 集賢院、秘閣書而編定之。[55]

至「六月，又益編校官，每館二員，給本官食公使十千及二
年者選人，京官除館閣校勘，朝官除校理。」[56]這種編定書籍官，
以館閣校理兼任。如工作滿二年，選人、京官可授予館閣校理。

關於館職的選任，歐陽修有云：「館閣取之以三路，進士高
科，大臣薦舉，歲月轉勞。」[57]

第一種：取進士高科者任館職。如：

> 真宗咸平中，王曾為進士第一，通判濟州。代還，當試
> 學士院，時寇準作相，素聞其名，特試于政事堂，除著作郎、
> 直史館。[58]

---

[55]（宋）程俱撰，《麟臺故事殘本》卷二〈職掌篇〉，頁三一七。

[56]（宋）王應麟撰，《玉海》卷五二（收入《景印文淵閣四庫全書》第九四四冊，
臺北市：臺灣商務，民國七十二年），頁四一二～四一三。

[57]（宋）歐陽修撰，《文忠集》卷一一四〈又論館閣取士劄子〉（收入《景印文
淵閣四庫全書》第一一○三冊，臺北市：臺灣商務，民國七十二年），頁一六
三。

[58]（宋）程俱撰，《麟臺故事殘本》卷三〈選任篇〉，頁三二一。

第二種：大臣薦舉。如：

真宗詔卿士舉賢良，翰林學士朱公昂舉陳彭年。陳以家
貧，無贄編可投之備入削。奏乞終任，不願上道。杜龍圖鎬、
刁秘閣衎列章奏曰：朱昂端介厚道，不妄舉人；況彭年實有
才譽，幼在江左，已為名流所重。乞不須召試，止用昂之舉，
詔備清問可也。乃以本館直史館。[59]

第三種：歲月轉勞。

宋仁宗景祐元年（一○三四）組織人員校勘《史記》、《漢
書》。至明年，以校勘《史記》、《漢書》官秘書丞余靖為集賢
校理，大理評事、國子監直講王洙為史館檢討。[60]這三種為館職
任命的最主要途徑。

宋太祖、太宗朝，館職主要從科舉中錄取，也有自薦後在學
士院考試而任命館職的，以文理水平高低分為七等。文理俱高為
第一；文理俱通為第二；文理粗通為第三，其又分上、下兩種；
文理俱粗為第四，也分上、下兩種；文理紕謬為第五。另外若試
賢良方正等科，皆於秘閣試論六道。[61]

宋英宗時，大臣韓琦等荐舉章惇等幾十人為館職，僅考核詩

賦。鑒於大臣荐舉過多，造成館職冗濫的狀況，英宗治平四年（一〇六七）規定選任館職需試論一首，試策一道。[62]宋神宗元豐七年（一〇七四）葉祖洽除知湖州上批以「祖洽熙寧首榜高第，可與秘書省職事官。」[63]由此可見，館職選拔較北宋前期條件嚴格一些。據程俱《麟臺故事殘本》卷三〈選任篇〉記載，宋仁宗慶曆年間進士及第三人以上，都可召試館職。[64]

　　南宋館職選任與北宋相比，有其明顯的特點。雖然選任館職不像北宋初期那樣嚴格，但館職除授也不像北宋末年那樣隨意。在《南宋館閣錄》和《南宋館閣續錄》中記載，館職人員絕大多數是進士及第、進士、同進士出身，且多為大臣所荐舉。[65]高宗一朝勵精圖治，內修外攘，館職任命較為慎重。經過孝宗、光宗到寧宗一朝，南宋政府朝不慮夕，秘書省館職可隨意任除，宰相幾乎可兼任一切館職，其時館職制度也就名存實亡了。

　　館職泛濫，是宋代新品階制度的必然結果。在新品階制度下，一旦為官，終身食祿。無論才識高低，年限一到，照例升遷官階。仁宗慶曆年間改革官制，只是延長磨勘年限，並無實質改變。神

---

[62] （清）徐松輯，《宋會要輯稿》第七十冊〈職官〉一八之三〈宋會要・秘書省〉，頁二七五六。

[63] 同註 58，頁三二六。

[64] 同註 58，頁三二二。

[65] （宋）陳騤撰，《南宋館閣錄》卷七—一八〈官聯〉（收入《景印文淵閣四庫全書》第五九五冊，臺北市：臺灣商務，民國七十二年），頁四四五～四六一。（宋）不著撰人，《南宋館閣續錄》卷七—一九〈官聯〉（收入《景印文淵閣四庫全書》第五九五冊，臺北市：臺灣商務，民國七十二年），頁四九九～五四五。

宗元豐改制也偏重形式，毫無起色，館職名目依然存在。徽宗政
和年間又設「貼職」，館職取人更為泛濫。

　　因此，兩宋的館閣制度，在其發展過程中發生了一些變化，
也出現過館職冗濫的問題，但這一制度，對於儲備和越級提拔人
才、整理和編輯史料、促進文化事業發展方面，卻起了重要的作
用。

第四章 《崇文總目》之纂修

　　《崇文總目》是北宋官方一部重要的藏書目，它的纂修，是對北宋前期，主要是太祖、太宗、真宗三朝大力收集歷史文獻的總結。

　　唐末五代之際，戰亂頻仍，國家藏書，一再散失，宋代開國以後，頗注意搜集編校書籍，藏書由三館（昭文館、史館、集賢院）增為四館（秘閣）。太祖迄徽宗，百餘年間，幾次派人校書和編書，以仁宗時代的編校工作為最有貢獻。

　　宋代官修目錄，在北宋初年就編有：《史館新定書目》四卷、《太清樓書目》四卷、《皇朝秘閣書目》一卷。[1]這些目錄反映了當時國家藏書和宮廷藏書的狀況。

　　仁宗恢復崇文院時，發現館閣有不少書謬濫不全，乃於景祐元年（一○三四），命翰林學士張觀、知制誥李淑、宋祁，將館閣副本書看詳，定其存廢，並將重複及內有差漏者，立即補寫校對。在這基礎上，命翰林學士王堯臣、館閣校勘歐陽修等，編製目錄。於慶曆元年（一○四一）編成《崇文總目》。

　　它在了解宋代國家藏書概況，查驗存佚方面，仍有著重要的參考價值，並在我國古代目錄學發展史上，也是一部有較大影響

---

[1]　（宋）王應麟撰，《玉海》卷五二（收入《景印文淵閣四庫全書》第九四四冊，臺北市：臺灣商務，民國七十二年），頁四○九～四一○、四一四。

的書目。

第一節　《崇文總目》之纂修經過

　　《崇文總目》係以四館書併合著錄而成，全面反映崇文院藏書，可以說是北宋國家藏書綜錄，是宋代第一部有解題的官修藏書目錄，也是一部對後世影響深遠的目錄書。此總目上承《開元群書四部錄》，下啟《四庫全書總目》，其目雖已遺佚，然就其殘存者視之，頗足為後世編製目錄者之效法。

　　《崇文總目》的編修始於景祐初，歷七年至慶曆元年（一○四一）成。據《續資治通鑑長編》卷一一四記載：

　　　　景祐元年閏六月辛酉，命翰林學士張觀、知制誥李淑、宋祁編三館秘閣書籍，仍命判館閣盛度、章得象、石中立、李仲容覆視之。[2]

其成書據《玉海》卷五二記載：

　　　　慶曆元年十二月己丑，翰林學士王堯臣等上新修《崇文

---

[2]　（宋）李燾撰，《續資治通鑑長編》卷一一四（收入《景印文淵閣四庫全書》第三一五冊，臺北市：臺灣商務，民國七十二年），頁七六○。
　　（宋）王應麟《玉海》卷五二、（元）馬端臨《文獻通考‧經籍考一》所述稍略，（清）徐乾學《資治通鑑後編》卷四一缺載，此為編修之始。

總目》六十卷（原注：堯臣與聶冠卿、郭稹、呂公綽、王洙、
歐陽修等撰，以四館書並合著錄），其書總數凡三萬六百六
十九卷。……景祐元年閏六月，以三館秘閣所藏有謬濫不全
之書。辛酉命翰林學士張觀、知制誥李淑、宋祁將館閣正副
本書看詳，定其存廢，偽謬重複，並從刪去。內有差漏者，
令補寫校對，仿《開元四部錄》約《國史藝文志》，著為目
錄，仍令翰林學士盛度等看詳，至是上之。[3]

　　《崇文總目》主要是以崇文三館（昭文館、史館和集賢院）
及秘閣所藏的圖書編修而成的。宋朝建立以後，平定四方，收其
圖籍，悉歸三館秘閣，並下詔購求所缺散亡之書，以達到蓄天下
圖書的目的，以及書籍對統治者所起的作用。

　　至宋真宗大中祥符八年（一〇一五），因榮王宮火延燔崇文
院，書多焚燼，所存無幾。而宋帝又深明圖書是治天下之根本道
理，於是命樞密使、翰林學士、館閣校勘等，大量抄寫所缺之書。
另一方面，訪求天下遺書。對償書者，小則授以金帛，大則授之
以官。在短短幾年時間，三館秘閣藏書就十分可觀。但所收藏的

---

[3]　（宋）王應麟撰，《玉海》卷五二〈慶曆崇文總目〉條，頁四一二。
　　（宋）李燾《續資治通鑑長編》卷一三四、（清）徐乾學《資治通鑑後編》卷
四八、（清）畢沅《續資治通鑑》卷四三所述略同，然不及此文詳贍。《續資
治通鑑長編》此文下有「然或相重，亦有可取而誤棄不錄者。」由此可以窺見
其內容取捨準則。
　　（宋）李燾《續資治通鑑長編》卷一三四另列舉受賞人，除文中所述者外，還
有宋庠、刁約、楊儀、陸經、王從禮、裴滋、楊安等人，與《麟臺故事》卷二
〈修纂篇〉同。

圖書雜亂無序、偽謬、殘缺、重複甚眾，此對圖書的保存和利用都十分不利，要使書守其類，人按類索書，書不致於散亡，能夠長期作為統治者的工具，就必須對圖書進行分類、校勘、編目等工作。於是，宋仁宗景祐元年（一〇三四）命翰林學士張觀、李淑、宋祁等看樣，審定三館及秘閣藏書的存廢與校補。旋又派王堯臣、王洙、歐陽修等，校正條目，討論撰次。並令仿唐《開元群書四部錄》的體例，編著書目。經過七年補寫編目，至慶曆元年（一〇四一）成書，由王堯臣奏上，賜名《崇文總目》。其著錄經籍共三千四百四十五部，三萬六百六十九卷。[4]

原本六十六卷，敘錄一卷，原書目錄依據錢侗等所輯的《崇文總目》所附，凡四部四十五類。其分類與《漢書·藝文志》、《隋書·經籍志》相互比較，稍有不同，因為時代的不同，學術的興衰發生了變化，有的圖書亡佚，有的圖書出現，所以，圖書的分類也發生了變化，但是四部分類的架構仍然未變。

《崇文總目》不僅著錄豐富，而且體例完備，每類有敘釋及類序，每書有解題。在這一點上，《崇文總目》是唐代《群書四部錄》以後、清代《四庫全書總目》以前的八百多年間唯一的一部卷帙浩繁而體例完備的官修目錄。它的體例為後來的晁公武、陳振孫所效法。

《崇文總目》由於原書已佚，其卷數很複雜，故各書記載的也不同，有作六十卷或六十四卷、六十六卷、六十七卷。在宋人

---

[4] （元）馬端臨撰，《文獻通考》卷一七四〈經籍一〉（收入《景印文淵閣四庫全書》第六一四冊，臺北市：臺灣商務，民國七十二年），頁二一。

的記述中，便有六十多卷的原本和一卷的簡目，再加上清人書中
的不同卷數。茲分述於下：

一、《玉海》卷五二〈慶曆崇文總目〉條引《國史志》：「《崇
文總目》六十六卷、序錄一卷，多所謬誤。」[5]

二、《皇朝事實類苑》卷三一〈藏書之府〉第十一則：

> 景祐初年……翰林學士王堯臣、史館檢討王洙、館閣校
> 勘歐陽修等，入秘府選詩論撰文，擇其偽濫者刪去之，遺缺
> 者補緝之，摘其重複，刊其訛舛，集其書之總數，凡三萬六
> 百六十九卷，以類分門為目，成六十七卷，……賜名《崇文
> 總目》。[6]

三、《通志》卷六十六〈藝文四〉載：「《崇文總目》六十
六卷，王堯臣等撰。」

《玉海》卷五二〈慶曆崇文總目〉條引「《中興館閣書目》
云：六十六卷當考。」

《宋史‧藝文志》卷三載：「《崇文總目》六十六卷。」

《道古堂文集》卷二五〈崇文總目跋〉載：「《崇文總目》
凡六十六卷。」

《天一閣書目》載：「《崇文總目》六十六卷，宋王堯臣等

---

[5]　（宋）王應麟撰，《玉海》卷五二〈慶曆崇文總目〉條，頁四一二。

[6]　（宋）江少虞撰，《皇朝事實類苑》卷三一〈藏書之府〉（收入《景印文淵閣
　　四庫全書》第八七四冊，臺北市：臺灣商務，民國七十二年），頁二六五。

奉敕撰。」

《曝書亭集》卷四四〈崇文總目跋〉載:「《崇文總目》六十六卷。」

《孝慈堂書目》載:「《崇文總目》六十六卷。」

《結一廬書目》卷二載:「《崇文總目》六十六卷,宋王堯臣等奉敕撰,明鈔本。」

《善本書室藏書志》卷十四〈史部十四〉載:「《崇文總目》六十六卷,明鈔本。」

《江南圖書館善本書目》〈史二十三〉載「《崇文總目》六十六卷,宋王堯臣等奉敕撰,舊鈔本。」

《靜嘉堂文庫漢籍分類目錄》載:「《崇文總目》六十六卷,宋王堯臣等奉敕撰,明寫本。」

以上皆作六十六卷。

四、《郡齋讀書志》衢州本卷九載:「《崇文總目》六十四卷,宋王堯臣等撰。」

《文獻通考》卷二〇七〈經籍三十四〉載:「《崇文總目》六十四卷。」

上述皆作六十四卷。

五、《續資治通鑑長編》卷一三四、《玉海》卷五二〈慶曆崇文總目〉條、《麟臺故事》卷二〈修纂篇〉、《經義考》卷二百九十四等皆載:「慶曆元年十二月己丑,翰林學士王堯臣等上修《崇文總目》六十卷」,都作六十卷。

六、《皕宋樓藏書志》卷三七〈史部·目錄類〉、《靜嘉堂秘籍志》卷二二〈目錄類〉,均有舊鈔本六十二卷,皆載朱竹垞

舊藏。

　　七、《郡齋讀書志》袁州本卷二下，有一卷本。《直齋書錄解題》卷八也祇著錄一卷本。

　　八、《四庫全書》輯《永樂大典》本，分為十二卷。

　　《八千卷樓書目》卷九〈史部‧目錄類〉載：「《崇文總目》十二卷，抄本，後知不足齋本。」

　　九、清嘉慶初，錢東垣等輯釋本，分為五卷。

　　綜上所記《崇文總目》的卷數，一般著錄大都不計敘錄一卷，只稱六十六卷，如《通志‧藝文略》、《玉海》所引《中興書目》以及《宋史‧藝文志》等皆如此。北宋末南宋初年江少虞所編《皇朝事實類苑》，顯然是連敘錄并計。

　　李燾《續資治通鑑長編》稱六十卷，懷疑是抄寫脫了「六」字，《玉海》襲用其文，故亦誤。至於《郡齋讀書志》和《直齋書錄解題》，袁本《郡齋讀書志》與《直齋書錄解題》一樣，著錄的都是一卷本，晁公武未云其他，只是說：

　　　　右皇朝崇文院書目也。隋嘉則殿書三十六萬卷，至唐散失已多，崇文書比之唐十得二三而已。自經丙午之亂，存者無幾矣。[7]

陳振孫則作了考訂，說：

---

[7]　（宋）晁公武撰，《郡齋讀書志》卷二下〈書目類〉（臺北市：臺灣商務，民國五十七年），頁一八四。

　　景祐初，學士王堯臣，同聶冠卿、郭稹、呂公綽、王洙、
歐陽修等撰定，凡六十六卷，諸儒皆有論議，歐公文集頗見
數條，今此惟六十六卷之目耳，題云紹興改定。[8]

可見南宋以後通行的《崇文總目》，已是刪去了諸儒議論的「紹
興改定」本，但它保留了原書六十六卷的目錄。然而《四庫全書
總目提要》謂：「南宋諸家或不見其原書，故記卷數各異。」[9]梁
啟超又云：「又或南宋時有多數闕本，各家各據其所見之本著錄
也。」[10]清人的六十二卷本，也當作如是。至於衢本《郡齋讀書
志》說《崇文總目》六十四卷，雖為馬端臨《文獻通考》所採用，
但終不知其何據，疑是姚應績誤記。

　　《崇文總目》為宋代整理圖籍之主要績效，其編纂歷史及內
容價值，《四庫全書總目提要》論列頗詳允，今不俱引。惟原書
存佚及卷數等問題極為複雜，茲分別考證於後：

一、原本闕佚之部分及其闕佚時代

　　依據陳振孫《直齋書錄解題》所見只有一卷，似原書南宋時
已佚。然《玉海‧藝文》及《文獻通考‧經籍考》尚錄本書解題

---

[8] （宋）陳振孫撰，《直齋書錄解題》卷八〈目錄類〉（上海：商務，民國二十
六年），頁二二四。

[9] （清）永瑢等奉敕纂，《四庫全書總目提要》史部‧目錄類一（臺北市：臺灣
商務，民國五十四年），頁一七七六。

[10] 梁啟超著，《圖書大辭典簿錄之部》（臺北市：臺灣中華，民國四十七年六月
臺一版），頁二三。

多條。王應麟、馬端臨年代皆在陳振孫後，猶見原書。知原書在宋末元初猶存矣。惟王應麟、馬端臨所引皆屬經、史兩部之文，集部全缺，子部甚少。則似後半部在宋末已佚。

《四庫全書》從《永樂大典》所輯本，其文無出《文獻通考》以外者，似明初編《永樂大典》時，已不見原本，僅從《文獻通考》摭拾殘文，則原本殆佚於元代矣。惟方以智《通雅》引《崇文總目》敘數語，[11]為大典本及今存傳鈔本所無，不知所據何本。

《玉海》引《宋國史》稱本書別有敘錄一卷。方氏所引或即其文，豈明末尚有此敘錄孤本在世間。

二、六十六卷本與一卷本

陳振孫《直齋書錄解題》稱一卷本為「紹興定本」。朱彝尊謂紹興中用鄭樵之言，改定此書，去其敘釋。[12]六十六卷本之亡，實由於此。

《四庫全書總目提要》採其說法，杭世駿反駁朱彝尊之說，謂王應麟、馬端臨尚引原書。知宋時原未有闕，後世傳鈔者，畏者繁重，乃率意刪去，朱說固非，然如杭說則一卷本，乃傳鈔殘缺偶然之結果。斯其不然，考晁公武《郡齋讀書志》於此書既著

---

[11] 方以智《通雅》卷三所引《崇文總目》敘；僅有「東晉三千一十四卷，李充校。孝武增益三萬餘卷，徐度校。」計二十二字，《通雅》是類書體，《四庫全書》收在雜家類・雜考之屬。《四庫全書總目提要》卷一一九稱其「窮源溯委，詞必有徵」，不過徵引既多，未必能全據原書，恐難免據他書轉引。

[12] （清）朱彝尊撰，《曝書亭集》卷四十四〈崇文書目跋〉（臺北市：臺灣商務，民國五十七年），頁七三三。

錄六十四卷本，又著錄一卷本，是晁氏所見，明兩本同時並存。
一卷本之由來，錢大昕考云：

> 今考續《宋會要》載紹興十二年十二月，權發遣盱眙軍
> 向子堅言：乞下本省，以《唐書·藝文志》及《崇文總目》
> 所闕之書，注闕字於其下，付諸州軍照應搜訪。是今所傳者，
> 即紹興中頒下諸州軍搜訪之本，有目無釋，取其便於尋檢耳。[13]

今所傳一卷本（即天一閣鈔本），其中仍依據原本分六十六卷。
即使《四庫全書》輯本和錢東垣等輯釋本，仍是如此。

所以天一閣和清代的一些書目，便據以作六十多卷。然而一
卷本各書下常注「闕」字，正源出於宋紹興頒諸州披訪之本，有
目無釋，取便尋檢，固非改定為一卷本，以擯棄六十六卷本，又
非南宋時別無一卷本，而後人傳鈔殘缺而成此結果。

三、六十六卷本存佚問題

南宋時，兩本並行，入元後而六十六卷之足本已佚。綜合前
文所臚舉之事實，略無疑義，可是在清代的書目中，尚見到六十
多卷本。如《天一閣書目》載有六十五卷鈔本；《孝慈堂書目》、
《結一廬書目》、《善本書室藏書志》、《江南圖書館書目》俱

---

[13] （清）錢大昕撰，《十駕齋養新錄》卷一四〈崇文總目〉條（臺北市：臺灣商
務，民國四十五年），頁三四三。

載六十六卷鈔本；《皕宋樓藏書志》、《靜嘉堂秘籍志》俱載六十二卷鈔本。據此，似六十餘卷之原本，且傳鈔不止一部。

　　考清代此書之流傳，以《范氏天一閣》為祖本，其最出傳鈔者，則為朱彝尊，朱氏〈《崇文總目》跋〉存於《曝書亭集》卷四四中，云：

> 　　《崇文總目》六十六卷，予求之四十年不獲，歸田之後，聞四明范氏天一閣有藏本，以語黃岡張學使。按部之日，傳鈔寄予，展卷讀之，祇有其目，當日之敘釋無一存焉。[14]

　　此本即後此嘉定錢氏所據以編輯者，其為紹興改定一卷本，而非六十六卷之原本。朱鈔本則展轉歸安陸氏，今流入日本。《皕宋樓藏書志》之六十二卷本題「竹垞舊藏」可證也（《靜嘉堂秘籍志》全鈔《皕宋樓藏書志》原文）。足見都是朱氏傳鈔的天一閣本。

　　王蓮經《孝慈堂書目》題六十六卷而注云：「一冊鈔一百十一番」。[15]全書僅一冊百紙，其為原本或紹興本，不易辨矣。丁丙《善本書室藏書志》亦未言傳鈔所自，今其書歸江南圖書館。《江南圖書館書目》亦題六十六卷而僅一冊，也足見不是六十餘

---

[14] （清）朱彝尊撰，《曝書亭集》卷四十四〈崇文書目跋〉（臺北市：臺灣商務，民國五十七年），頁七三三。

[15] （清）王聞遠撰，《孝慈堂書目》（收入《觀古堂書目叢刻》臺北市：廣文，民國六十一年七月），頁一五七六。

卷的原本。蓮經（聞遠）藏書十、九為黃蕘圃所得，而丁氏所藏，多得黃氏，今江南圖書館本或即蓮經本，則亦范本或朱本之化身。

而《結一盧書目》著錄《崇文總目》六十卷，下注云：「共十本，明鈔本，每條均有解題，千頃堂叢書。」[16]據此，原是范藏之外，別有一本。而此一本者，實為晁公武、陳振孫、王應麟、馬端臨所未睹，或未全睹。可是從黃居中父子和當時的藏書家、績學之士，如錢謙益、朱彝尊、黃宗羲、王士禛等，都常相往返傳鈔或借閱彼此的藏書。尤其是朱彝尊撰《經義考》，徵引書目很多，黃虞稷之《千頃堂書目》，徵引凡數百條，但有些溢出來，後來各家鈔本之外的，可是《經義考》所引的《崇文總目》，不出《歐陽修全集》和《文獻通考》所載。而此後朱學勤時百餘年間，正是目錄學正盛的時期，卻不見有人提到或傳鈔刊行。

又葉德輝所刊行的《結一盧書目》，則不列有這一原本《崇文總目》，令人費解。從各書徵引的敘釋文字，先有輯本，後來《四庫全書》和錢輯釋本通行後，便不傳了。[17]

總之，明末、清初就沒有人曾見到有敘釋的原本。有宋人記此書卷數，只有六十、六十六、六十四、六十七之異同，無所謂六十二或六十五卷者，清代諸目何以忽出此異卷，亦可怪矣。

---

[16] （清）朱學勤撰，《結一盧書目》卷二（收入《觀古堂書目叢刻》臺北市：廣文，民國六十一年七月），頁二〇〇一。

[17] 同註10，頁二三～二四。

第二節　《崇文總目》之編纂者

　　《崇文總目》是我國宋代國家的藏書目錄。此總目的作者，一說是王堯臣、歐陽修等撰；一說是歐陽修等撰。持前說者有：

　　一、宋‧王應麟《玉海》卷五二〈慶曆崇文總目〉條云：「慶曆元年十二月己丑，翰林學士王堯臣等上新修《崇文總目》六十卷。」

　　二、宋‧晁公武《郡齋讀書志》卷十云：「《崇文總目》六十四卷，宋王堯臣等撰。」

　　三、宋‧陳振孫《直齋書錄解題》卷八云：「《崇文總目》一卷，景祐初，學士王堯臣，同聶冠卿、郭稹、呂公綽、王洙、歐陽修等撰定，凡六十六卷。」

　　四、宋‧江少虞《宋朝事實類苑》卷三一〈藏書之府〉第十一則云：「景祐初年，元詔群儒即書府，盡啟先帝所藏，校定餘目，翰林學士王堯臣、史館檢討王洙、館閣校勘歐陽修等……賜名《崇文總目》。」

　　五、元‧脫脫《宋史‧藝文志》卷三云：「王堯臣、歐陽修，《崇文總目》六十六卷。」

　　六、清《四庫全書總目提要》卷八五〈史部‧目錄類〉云：「《崇文總目》十二卷，永樂大典本，宋王堯臣等奉敕撰。」

　　七、依據多方輯佚從諸書中輯出《崇文總目》的清錢侗等人。

　　持後一說者，見於清‧沈嘉轍《南宋雜事詩》卷二〈引用書

目〉云：「《崇文總目》歐陽修等撰。」[18]

　　《崇文總目》景祐元年著手編纂，慶曆元年十二月書成，前後歷時七年。據《文忠集・年譜》載：景祐元年七月，歐陽修參與《崇文總目》的編纂；景祐三年五月，降為峽州夷陵縣令；寶元二年六月，復舊官權武成軍節度判官廳公事；康定元年六月，召還，復充館閣校勘，仍修《崇文總目》；慶曆元年十二月，《崇文總目》成，改集賢校理。[19]歐陽修在《崇文總目》書成，自館閣校勘遷集賢校理後云：

> 自初營職，已與書筵。於時上有鴻儒侍從之才，下多群賢論撰之眾，而修方被罪譴，竄之荊蠻，流離五年，赦宥三徙，山川跋履，風波霧毒，凡萬四千里而後至於京師。其奔走之役，憂思之勞，形意俱衰，豈暇舊學。比其來復，書已垂成。遂因眾功，豈有微效。[20]

從這裡可以看出，歐陽修當時的地位和處境是很明確的。「上有鴻儒侍從之才，下多群賢論撰之眾」，歐陽修只不過是「小字輩」，又遭貶竄，以校勘參與編纂，並且前後不足三年，時間不長，「比

---

[18] （清）沈嘉轍撰，《南宋雜事詩》卷二（收入《景印文淵閣四庫全書》第一四七六冊，臺北市：臺灣商務，民國七十二年），頁五二四。

[19] （宋）歐陽修撰，《文忠集》〈年譜〉（收入《景印文淵閣四庫全書》第一一○二冊，臺北市：臺灣商務，民國七十二年），頁一三～一四。

[20] （宋）歐陽修撰，《歐陽修全集》卷九五〈上執政謝館職啟〉條（臺北市：世界，民國五十年一月），頁七九七。

其來復，書已垂成」。因此，斷言歐陽修是《崇文總目》的總其
成者，與編纂實際不符。

清・沈嘉轍等撰《南宋雜事詩》，其卷二詩云：

> 館閣藏書校更繁，綜甄簿錄列庭軒，崇文舊目依稀見，
> 去盡源流割幾番。[21]

詩後注云：

> 《朝野雜記》，《中興館閣書目》，淳熙中修，……例
> 皆仿《崇文總目》六十六卷，舊于各書下疏明源流，自鄭樵
> 盡削之。今所傳者，僅書名耳。[22]

注中指明《中興館閣書目》與《崇文總目》的承襲關係，是正確
的。但認為鄭樵削各書下之注釋，是錯誤的。又不知僅存書名的
《崇文總目》為求訪之書所用，二錯也。雜事詩非史學著作，也
非史料筆記，以引用書目中「《崇文總目》，歐陽修等撰」為歐
陽氏總纂的一個重要依據，筆者認為，是不嚴肅的。

　　《崇文總目》是宋朝的國家藏書目錄，王堯臣係天聖年間的
狀元，實際參加總目的編纂，官階比歐陽修高，因此，歷來認定

---

[21] （清）沈嘉轍撰，《南宋雜事詩》卷二，頁五二三。

[22] （清）沈嘉轍撰，《南宋雜事詩》卷二（收入《景印文淵閣四庫全書》第一四
　　七六冊，臺北市：臺灣商務，民國七十二年），頁五二四。

王堯臣是《崇文總目》的總撰者是比較合乎實際的。為什麼又加署歐陽修的名,而不署別的名,因為歐陽修撰寫了三十條敘釋,或是歐陽修在文學上、史學上影響較大,後人增入的。

關於《崇文總目》的修撰者,據李燾《續資治通鑑長編》卷一三四記載,《崇文總目》除署名編撰者王堯臣外,實際上參與撰修的學者,還有聶冠卿、郭稹、呂公綽、王洙、歐陽修、刁約、張觀、宋庠、李淑、宋祁、李若谷等,[23]而其中歐陽修起了相當重要的作用。至於人多題王堯臣或歐陽修編撰,是因為前者的官位高,且領銜上進;後者則學識淵博,聲望高,且在其全集中鈔存了若干敘釋。茲將纂修者分述如后:

王堯臣(一○○三~一○五八),北宋學者、目錄學家。字伯庸,應天虞城人。

宋仁宗天聖五年(一○二七)舉進士第一,授將作監丞,通判湖州。歷任擢知制誥、翰林學士、權三司使等職,後遷翰林學士承旨兼端明殿學士,為群牧使。皇祐三年(一○五一)充樞密副使,深得仁宗信任。至和三年(一○五六)拜參知政事,仁宗欲提為樞密使,為胡宿所抑。嘉祐三年(一○五八)遷吏部侍郎,八月卒,贈尚書左僕射,年五十六。諡文安。

堯臣居樞密三年,務裁抑徼倖,於是有刻匿名書在京師傳布,仁宗不以為宜。堯臣以文學進,典內外制十餘年,其為文辭溫麗。執政時,曾與宰相文彥博、富弼、劉沆勸帝早立嗣。且說英宗曾

---

[23] (宋)李燾撰,《續資治通鑑長編》卷一三四,頁二○六~二○七。

養於宮中，宜立為後，挾著詔書的草稿以進，未果。[24]

宋神宗元豐三年（一〇八〇），子同老進遺稿論父功，帝以訪文彥博，具奏本末，遂加贈太師、中書令，改謚文忠。堯臣通軍事、明吏治、精目錄學，然實際上，他在慶曆元年六月方預編纂《崇文總目》，僅有領導的職責而已，此外，還有文集數十卷，今已不傳。

聶冠卿（九八八～一〇四二），北宋詩人、圖書館官員、校勘學家。字長孺。歙州新安人。

大中祥符五年（一〇一二）進士，授連州軍事推官，楊億愛其文才，荐召試學士院，任館閣校勘官，其點校館閣圖書，校讎甚精。遷大理寺丞，不久進集賢院校理。因校《十代興亡論》等書，有謬語而被落職。後為太常博士，復為集賢院校理官，擢尚書工部郎中。預修《景祐廣東記》，直集賢院。與王堯臣一樣，聶冠卿也是在《崇文總目》即將編定的時候方參與此事，對《崇文總目》的最終成書及整體面貌當無顯著影響。

後奉使契丹國，契丹王觀其所著《蘄春集》，以詞句清麗，因而待之禮遇極厚。還朝，召為翰林學士，其嗜學好古，手未嘗釋卷。工於詩文。有《蘄春集》十卷。[25]

---

[24] （宋）王稱撰，《東都事略》卷七十、〈列傳〉第五三（收入《景印文淵閣四庫全書》第三八二冊，臺北市：臺灣商務，民國七十二年），頁四五一～四五三。
（元）脫脫等奉敕撰，《宋史》卷二九二、〈列傳〉第五一（臺北市：鼎文，民國六十七年九月），頁九七七二～九七七六。

[25] （元）脫脫等奉敕撰，《宋史》卷二九四、〈列傳〉第五三，頁九八一九～九八二〇。

　　王洙（九九七～一○五七），北宋藏書家、目錄學家。字原叔，一作源叔，一說字尚汶。應天宋城人。

　　年少聰悟博學，記問過人。仁宗天聖進士。累擢史館檢討、知制誥、翰林學士。出知濠、襄、徐、亳等州。仁宗嘉祐二年（一○五七）九月卒，年六十一，謚曰文。

　　王洙博覽多聞，圖緯、方技、陰陽五行、算術、音律、訓詁、篆隸之學，無所不通。曾在史館校定《九經》、《史記》、《漢書》，預修《崇文總目》、《國朝會要》、《三朝經武聖略》、《鄉兵制度》等書。

　　藏書甚富，僅家藏書目著錄有書達四萬三千卷，而類書之卷帙浩繁者，如《太平廣記》之類，不在其間。仁宗朝參與制定「明堂禮儀」、「雅樂制度」。並撰有《易傳》十卷，雜文十有餘篇。[26]

　　依據《墨莊漫錄》卷五記載：「藏書之富如宋宣獻、畢文簡、王原叔、錢穆父、王仲至家及荊南田氏、歷陽沈氏，各有書目。」[27]

　　據此，知王洙乃宋代有名之藏書家，且有書目流傳於當世，今佚，書名未詳。而他所擔任《崇文總目》編目官一職，是《崇文總目》事實上的編纂、撰稿人員，在《崇文總目》編纂過程中又發揮了即為重要，甚至是不可替代的作用。

　　李若谷，字子淵，徐州豐人。舉進士，補長社縣尉。後改大

---

[26] （元）脫脫等奉敕撰，《宋史》卷二九四、〈列傳〉第五三，頁九八一四～九八一六。

[27] （宋）張邦基撰，《墨莊漫錄》卷五（收入《景印文淵閣四庫全書》第八六四冊，臺北市：臺灣商務，民國七十二年），頁四四。

理寺丞、知宜興縣、知連州。真宗將朝謁太清宮，選通判亳州。累遷度支員外郎、權三司戶部判官，出為京東轉運使。徙知陝州，改梓州。

天聖初，判三司戶部勾院。使契丹，陛辭，不俟垂簾請對，迺遽詣長春殿奏事，罷知荊南。累遷太常少卿、集賢殿修撰、知滑州。後以右諫大夫知延州。遷給事中、知壽州。旋加集賢院學士、知江寧府。還，勾當三班院，進龍圖閣直學士、知河南府。後改樞密直學士、知并州。進尚書工部侍郎、龍圖閣學士、知開封府，拜參知政事。以耳疾，累上章辭位，罷為資政殿大學士、吏部侍郎、提舉會靈觀事。以太子少傅致仕，卒，年八十。贈太子太傅，諡康靖。[28]

若谷性資端重，在政府，論議常近寬厚。治民多智慮，愷悌愛人，其去，多見思。

李淑，北宋藏書家、圖書館官員、目錄學家。字獻臣，徐州豐人。

十二歲時，逢真宗巡亳州，獻文數行，真宗奇之；又命賦詩，語驚四座。賜童子出身，試秘書省校書郎。

真宗天禧三年（一○一九），宰相寇準推薦之，賜進士，授秘書郎，進太常丞，累遷龍圖閣學士、館閣校勘。乾興初，遷大理評事，修《真宗實錄》時，任檢討官，書成，改任集賢校理，

28　（宋）王稱撰，《東都事略》卷五七〈列傳〉第四十，頁三五六。
　　（元）脫脫等奉敕撰，《宋史》卷二九一〈列傳〉第五十，頁九七三八～九七四○。

為國史院編修官。

仁宗天聖五年（一○二七），召試，賜進士及第，改秘書郎，進太常丞，直集賢院，同判太常寺，擢史館修撰，再遷尚書禮部員外郎，上時政十議。景祐初，知制誥。爾後出知河中府，暴感風眩而卒，年五十八，贈尚書右丞。[29]

李淑一生博覽群書，多在三館秘閣中就職，對目錄學有研究，並熟於朝廷典故。家富藏書，為公卿間之冠，多為善本。自撰有家藏書目，名《邯鄲圖書志》十卷，著錄圖書五十七類，經、史、子、集共一、八三六部，二三、一八六卷。其分類為經、史、子、集外，復列藝術志、道志、書志、畫志四類，通為八目十卷。明胡應麟論此目類例，於四部之外，更列四目，下分五十七類，打破四部分類的傳統。其子再集其目為三十卷。

靖康之變（一一二六），金兵入侵，藏書及書目皆散亡。曾纂修有《國朝會要》、《三朝訓鑒圖》、《閤門儀制》、《康定行軍賞罰格》，又獻〈繫訓〉三篇。著有文集百餘卷。[30]

宋庠（九九六～一○六六），初名郊，字伯庠，後改今名，字公序，安州安陸人，後徙開封之雍丘。

天聖初，舉進士，開封、試禮部皆第一，擢大理評事、同判襄州。召試，遷太子中允、直史館，歷三司戶部判官，同修起居

---

[29] （宋）王稱撰，《東都事略》卷五七〈列傳〉第四十，頁三五六～三五七。
　　（元）脫脫等奉敕撰，《宋史》卷二九一〈列傳〉第五十，頁九七四○～九七四一。

[30] 潘美月著，《宋代藏書家考》（臺北市：學海，民國六十九年四月），頁七三。

注，再遷左正言。久之，知制誥，兼史館修撰、知審刑院。旋改權判吏部流內銓，遷尚書刑部員外郎。

仁宗欲以為右諫議大夫、同知樞密院事，中書言故事無自知制誥除執政者，乃詔為翰林學士。寶元中，以右諫議大夫參知政事。庠為相儒雅，練習故事，自執政，遇事輒分別是非。

庠與宰相呂夷簡論數不同，凡庠與善者，夷簡皆指為朋黨，乃以庠知揚州。未幾，以資政殿學士徙鄆州，進給事中，後復召為參知政事。

慶曆七年（一〇四七）春，以庠為右諫議大夫。慶曆八年，除尚書工部侍郎，充樞密使。皇祐中，拜兵部侍郎、同中書門下平章事、集賢殿大學士。享明堂，遷工部尚書。皇祐三年（一〇五一），乃以刑部尚書、觀文殿大學士知河南府，後徙許州，又徙河陽，再遷兵部尚書。入覲，詔綴中書門下班，出入視其儀物。以檢校太尉、同平章事充樞密使，封莒國公。後乃以河陽三城節度、同平章事、判鄭州，徙相州。以疾召還。

英宗即位，移鎮武寧軍，改封鄭國公。庠在相州，即上章請老，至是請猶未已。帝以大臣故，為忍遽從，乃出判亳州。以司空致仕。卒，贈太尉兼侍中，諡元獻。[31]

庠自應舉時，與祁俱以文學名擅天下，儉約不好聲色，讀書至老不倦。善正訛謬，嘗校定《國語》，撰《補音》三卷。又輯

---

[31] （宋）王稱撰，《東都事略》卷六五〈列傳〉第四八，頁四一五～四一六。（元）脫脫等奉敕撰，《宋史》卷二八四〈列傳〉第四三，頁九五九〇～九五九三。

《紀年通譜》，區別正閏，為十二卷。《掖垣叢志》三卷，《尊號錄》一卷，《別集》四十卷。

宋祁（九九八～一〇六一），北宋史學家、文學家、目錄學家。字子京，安州安陸（今湖北安陸）人，後遷居開封雍丘（今河南杞縣）。

哲宗相宋庠弟。天聖初與兄宋庠同舉進士，禮部奏祁第一名，而章獻太后擢其兄，降祁第十名。釋褐，授軍事推官。累遷太常博士、直史館、同知禮院，定樂器。

又遷員外郎、同修起居注、權度支判官，疏請去冗員，節冗費，用經西北之軍屯。次當知制誥，以兄庠在中書，乃除天章閣待制、同知禮院。俄改太常寺、兼禮儀事。庠罷，祁亦出知州。終還為知制誥、權同判流內銓。既遷翰林學士、提舉諸司庫務，除弊創新，徙兼侍讀學士。

范仲淹罷參知政事，章得象薦祁，而仁宗屬意於庠，遂改龍圖閣徐學士、史館修撰。旋遷右諫議大夫，充群牧使。庠為樞密使，祁誤以誥呈，落職，知許州。未幾，復侍讀、龍圖二學士及修撰，遷給事中。又坐其子與張彥方遊，出知亳州，易集賢殿修撰，修唐書。歲餘，以禮部侍郎、知成德軍，請弛馬禁。徙定州，以鎮、定扼賊衝為國門戶，請合為一路，與兩河應援；又上禦戎論七篇，加端明殿學士。尋遷吏部侍郎、知益州。代還，除三司使；又以包拯等論列，且其兄又執政，遂依前三學士、修撰、知鄭州。[32]

---

[32] （宋）王稱撰，《東都事略》卷六五〈列傳〉第四八，頁四一六～四一九。

　　祁雖外官，亦以史稿自隨，至是書成，遷左丞，進工部尚書。嗣拜翰林學士承旨，復領群牧使。卒年六十四，贈刑部尚書，諡景文。

　　宋祁明吏治，精史學，工詩詞，世稱「紅杏尚書」。預修《廣業記》、《籍田記》、《集韻》等。除《崇文總目》外，與歐陽修合撰《新唐書·藝文志》，加錄唐代學者自著之書，有二八、四六九卷。對研究唐代學術文化有很大的幫助。著有《大樂圖》二卷、《益都方物略》、《筆記》、《宋景文集》等，惜已佚。清人從《永樂大典》中輯有《宋景文集》六十二卷。近人趙萬里輯有《宋景文公長短句》一卷。

　　張觀，字思正，絳州絳縣人。少謹愿好學，有鄉曲名。中服勤辭學科，擢為第一，授將作監丞、通判解州。會鹽池吏以贓敗，坐失舉劾，降監河中府稅。復通判果州，改秘書省秘書郎。

　　仁宗即位，遷太常丞，擢右正言、直史館，為三司度支判官，同修起居注，改右司諫、知制誥、判登聞檢院，出知杭州。還判國子監，權發遣開封府事，進為翰林學士、知審官院，累遷左司郎中，以給事中權御史中丞。復知審官院，遂拜同知樞密院事。

　　康定中，西兵失利，因議點鄉兵，久之不決，遂與王鬷、陳執中俱罷，以資政殿學士、尚書禮部侍郎知相州。徙澶州，再徙鄆州。歷知應天府、孟州、河南府，以吏部侍郎兼御史中丞。以父居業高年多病，請便郡，以觀文殿學士之許州。月餘，拜左丞。

　　（元）脫脫等奉敕撰，《宋史》卷二八四〈列傳〉第四三，頁九五九三～九五九九。

丁父憂，哀毀過人，既練而卒。贈吏部尚書，諡文孝。[33]

　　觀性至孝，初為秘書郎，其父方為州從事，因上書願以官授父。真宗嘉之，以居業為京官。及觀貴，居業敍恩至太府卿。觀趣尚恬曠，持廉少欲，平生書必為楷字，無一行草，類其為人。

　　郭稹，字仲微，開封祥符人。世寓鄭州，舉進士中甲科，為河南縣主簿。除國子監直講，議者以其資淺，罷還河南。召試學士院，為集賢校理。馮元知河陽，辟為通判，徙通判河南府。入為三司度支、戶部判官，累遷尚書刑部員外郎，同修起居注。

　　康定元年使契丹，告用兵西鄙。既還，轉兵部，知制誥，判吏部流內銓，擢龍圖閣直學士、權知開封府。暴感風眩卒。[34]

　　稹性和易，文思敏贍，尤刻意於賦，好用經語對，頗近於諧。聚古書畫，不計其貲購求之。可見，他在書畫收藏與整理方面亦有一定經驗。但與王堯臣、聶冠卿的情況一樣，郭稹在編纂工作臨近完工時方才加入，很難在編目中發揮太大的作用。

　　刁約，字景純，丹徒人。少卓越，刻苦學問。能文章，天聖八年（一○三○）進士。寶元中入為館閣校勘，慶曆初與歐陽修同知太常禮院，其冬又與修等並為集賢校理，管當三館秘閣。嘉祐初直史館，四年（一○五九）出為兩浙運使還判三司鹽鐵院，出提點梓州路刑獄。八年（一○六三）再判鹽鐵院還戶部。治平

---

[33] （宋）王稱撰，《東都事略》卷五五〈列傳〉第三八，頁三四六。
　　（元）脫脫等奉敕撰，《宋史》卷二九二〈列傳〉第五一，頁九七六五～九七六六。

[34] （元）脫脫等奉敕撰，《宋史》卷三○一〈列傳〉第六十，頁九九九八～九九九九。

中出知揚州，掛冠歸，並築室潤州。

　　約家世簪纓故所居，頗有園地之勝至，約更葺為一園曰藏春塢。凡當代名流皆有詩從容里，日游息其中，於神宗元豐五年（一〇八二）卒，享年八十餘。[35]

　　呂公綽（九九九～一〇五五），字仲裕，北宋壽州人，蔭補將作監丞、知陳留縣。

　　天聖中，為館閣對讀。召試，直集賢院，辭，改校理，遷太子中允。夷簡罷相，復為直集賢院、同管勾國子監，出知鄭州。還判吏部南曹，累遷太常博士、同判太常寺。請復太醫局，及請設令、丞、府史如天官醫師，旋罷之。後遷尚書工部員外郎，為史館修撰。時夷簡雖謝事，猶領國史，公綽辭修撰。夷簡薨，還兵部員外郎，復為修撰。服除，復同判太常寺兼提舉修祭器。

　　公綽以郊廟祭器未完，制度多違禮，請悉更造。故事，薦新諸物，禮官議定迺薦，或後時陳敗。公綽採《月令》諸書，以四時新物及所當薦者，配合為圖。又以歲大、中、小祠凡六十一，祫祫二，裸獻興俯，玉帛尊彝，菁茆醢醯，鍾石歌奏，集為《郊祀總儀》，今佚。

　　歷知制誥、龍圖閣直學士、集賢殿修撰、知永興軍，改樞密直學士、知秦州。祀明堂，遷刑部郎中，召為龍圖閣學士、權知開封府。歲餘，願罷府事，進翰林侍讀學士、知審刑院兼判太常寺。後左遷龍圖閣學士、知徐州。頃之，公綽復侍讀學士，徙河

---

[35]　（清）陸心源輯，《宋史翼》卷一〈列傳第一〉（臺北縣：文海，民國五十六年一月臺初版），頁五〇～五三。

陽，留侍經筵。又遷右司郎中，未拜，卒。贈左諫議大夫。

公綽通敏有才，父執政時，多涉干請，喜名好進者趨之。嘗漏洩除拜以市恩，時人比之竇申。[36]他在《崇文總目》編纂中所起作用有多大，雖然無法直接考證，但從某些史料中的記載，似可看出端倪。歐陽修曾在《論舉館閣之職札子》中說：

> 臣竊見近降詔書，不許權貴奏蔭子弟入館閣。此蓋朝廷為見近年貴家子弟濫在館閣者多，如呂公綽、錢延年之類尤為荒濫，所以立此新規，革其甚弊。臣謂今後膏粱子弟既不濫居清職，則前已在館閣者，雖未能沙汰，尚須裁損。欲乞應貴家子弟入館閣，見在人中，若無行業文詞為眾所知，則不得以年深遷補龍圖、昭文館並待制、修撰之類，所貴侍從清班，不至冗濫。

歐陽修如此尖刻地批評呂公綽，甚至將其作為館閣弊政的代表人物，足以說明出呂公綽之學識無法獲得歐陽修認同。

歐陽修（一〇〇七～一〇七二），北宋文學家、史學家、目錄學家、圖書館官員。字永叔，自號醉翁，晚號六一居士，廬陵人。

仁宗天聖元年（一〇二三）應舉，座賦逸官韻黜名。四年，

---

[36] （宋）王稱撰，《東都事略》卷五二〈列傳〉第三五，頁三二八～三二九。
（元）脫脫等奉敕撰，《宋史》卷三一一〈列傳〉第七十，頁一〇二一〇～一〇二一二。

薦名於禮部，六年，以文謁學士胥偃於漢陽，偃留置門下，攜赴
京師，七年，試國子監第一，補廣文館生，秋赴國學解試又第一，
八年，試禮部復為第一，其後又參加崇政殿前復試，中甲種第十
四名進士，特授將仕郎，試秘書省校書郎，充西京（今河南洛陽）
留守推官。

　　明道二年（一○三三），進階承奉郎。景祐元年（一○三四），
以王曙薦，授宣德郎，試大理評事兼監察御史，掌書記，館閣校
勘，奉詔編定三館秘閣藏書總目。三年，以言范仲淹貶職事，降
為峽州夷陵縣令，次年，移光化軍乾德縣令。

　　寶元二年（一○三九），復舊官，權武成軍節度判官。康定
元年（一○四○），范仲淹起為陝西經略招討安撫使，辟修掌書
記，辭不就，復充館閣校勘，修《崇文總目》，轉授太子中允。
慶曆元年（一○四一），加騎都尉，以《崇文總目》成，改集賢
校理，次年，通判滑州。三年，轉太常丞，知諫院，歲暮特授右
正言，知制誥。四年，奉命使河東，諫廢麟州事，旋除龍圖閣直
學士，河北都轉運按察使，進階朝散大夫，封信都縣子。五年，
時杜衍、韓琦、富弼、范仲淹等以黨論相繼罷去，修上疏切諫，
適以孤甥張氏犯法，遂降知滁州，次年自號醉翁，作〈醉翁亭記〉，
七年封開國伯，八年，徙知揚州。

　　皇祐元年（一○四九），移知潁州，轉禮部郎中，復授龍圖
閣直學士，二年，改知應天府兼南京留守，轉吏部郎中。四年，
去職。

　　仁宗至和元年（一○五四），復舊官，以權判流內銓事，當
出知同州，吳充、范鎮皆為修辨言，參知政事劉沆方提舉修《唐

書》，亦乞留修修書，八月，沆拜相，遂詔修刊修《唐書》，遷翰林學士兼史館修撰。二年，假右諫議大夫奉使契丹，契丹主重修名，命貴臣四人押宴，以示尊寵。

嘉祐元年（一〇五六），加上輕車都尉，進封樂安郡侯，次年，權知禮部貢舉，特轉右諫議大夫，攝禮部侍郎，權判史館。三年，加龍圖閣學士，權知開封府，以簡易循理，不求赫赫名，京師亦治，四年，為群牧使。

嘉祐五年，新修《唐書》二百五十卷告成，提舉曾公亮上奏，推賞特授修禮部侍郎，兼翰林侍讀學士，旋拜樞密副使，同修樞密院石政記。

嘉祐六年，參知政事，進封開國公，次年，提舉三館秘閣寫校書籍，進階正奉大夫，加柱國，御賜飛白書。八年，仁宗崩，英宗繼位，奉敕書大行皇帝哀冊諡寶，轉戶部侍郎，進階金紫光祿大夫。

治平元年（一〇六四），轉吏部侍郎，次年，兩上表乞外調，提舉編纂《太常因革禮》百卷成，進階光祿大夫，加上柱國。治平四年，神宗即位，以追崇濮王議，御史呂誨等謗修奏劾，修亦力求退罷，轉尚書左丞，特進，除觀文殿學士，轉刑部尚書，出知亳州。

熙寧元年（一〇六八），轉兵部尚書，改知青州，充京東東路安撫使，次年，御賜香藥及刊定新校前漢書，三年，改知蔡州，更號為六一居士。修夙以風節自持，既數被污衊，即連表乞謝事，及守青州，又以請止散青苗錢忤王安石，求歸益切，熙寧四年，乃以太子少師致仕，熙寧五年（一〇七二）薨逝，享年六十六，

贈太子太師，謚曰文忠。[37]

著有《新唐書》、《新五代史》、《易童子問》三卷、《毛詩本義》十四卷、《集古錄》、《洛陽牡丹記》、《居士集》五十卷、《六一詩話》、《六一詞》、內外制、奏議、四六集又四十餘卷。今詩文雜著多種，合為《歐陽文忠公集》一百五十三卷。

宋朝文風鼎盛，學術發達，史學作品尤多而精，為學術大放異彩。如司馬光的《資治通鑑》、袁樞的《通鑑紀事本末》、李心傳的《建炎以來繫年要錄》、李燾的《續資治通鑑長編》、朱熹的《通鑑綱目》、鄭樵的《通志》、羅泌的《路史》、馬端臨的《文獻通考》，都是史學巨著，但開創風氣的，不能不推歐陽修的《五代史》及《新唐書》。歐陽修不但對史學有特殊的貢獻，而且是改進史學與宋代史學的先導者。他運用最高的標準來臧否人物，褒貶善惡。他注重到一代之典章制度，禮樂文物。載筆簡而記事詳，語精而義正，備具史才、史學、史識之三條件，可從下述幾點來看他對史學改進的成就。

一、他糾正了歷史對朝代嬗替的正統與閏位的界說，而著〈正統辨〉，[38]認為史學家講到各朝是不是正統，往往拘束於五行生剋之說，或抱有偏見。所以他說：

---

[37] （宋）王稱撰，《東都事略》卷七二〈列傳〉第五五，頁四六三～四六八。

（元）脫脫等奉敕撰，《宋史》卷三一九〈列傳〉第七八，頁一〇三七五～一〇三八二。

（宋）歐陽修撰，《文忠集》〈年譜〉，頁一十～二十。

[38] （宋）歐陽修撰，《居士外集》卷九〈正統辨〉（收入《歐陽修全集》，臺北市：世界，民國五十年一月），頁四二〇。

　　　　有昧者之論，有自私之論，有因人之論。……直用五行
　　　　相勝而已，故曰昧者之論也。……私東晉者曰隋得陳然後天
　　　　下一。……私後魏者曰統必有所授，故曰自私之論也。夫梁
　　　　之取唐，無異魏晉之取也，魏晉得為正，則梁亦正矣，而獨
　　　　曰偽，何哉？以有後唐故也。……欲借唐為名，託大義以窺
　　　　天下。……故曰因人之論也。[39]

又說：「統天下而得其正，故繫正焉，統而不得其正者，猶弗統
乎爾。」[40]

　　統之以德是正統，統之雖不以德，仍然是統。朝代雖正，而
不能統一，則根本不是統。在混亂中，根本中斷，無所謂正統。
他認為討論正統問題，不能盲目地採用道德的教條主義，而不顧
客觀的事實。

　　二、他提出六經皆史的看法。王守仁嘗說五經皆史，章學誠
說六經皆史，其實歐陽修在宋朝已經說過：

　　　　為道必求知古。知古明道，而後履之以身，施之於事，
　　　　而又見於文章而發之，以信後世。其道，周公、孔子、孟軻
　　　　之徒常履而行之者是也。其文章，則六經所載，至今而取信

[39] （宋）歐陽修撰，《居士外集》卷九〈原正統論〉，頁四一四～四一五。

[40] （宋）歐陽修撰，《居士外集》卷九〈正統辨〉（收入《歐陽修全集》，臺北
　　市：世界，民國五十年一月），頁四二〇。

者是也。[41]

　　按此云其文章至今而取信者，乃六經所載，換言之，六經即
是歷史了。他尊重六經，但遇到不合理或不可解的地方，則抱懷
疑態度，而對於其他歷史書上不合理的記載是不會盲從的。
　　三、他重視原始史料。他搜集古金石器物文字，用原始史料
校訂歷史上的記載。所著集古錄千卷，跋尾十卷，是有系統的考
古學創作。
　　他說：

　　　三代以來，至寶怪奇偉麗工妙，可喜之物，其去人不遠，
　　其取之無禍，然而風霜兵火，湮淪磨滅，散棄於山崖墟莽之
　　間，未嘗收拾者，由世之好者少也。……予性頗而嗜古，凡
　　世人之所貪者，皆無欲於其間。……好之已篤，則力雖未足，
　　猶能致之。故上自周穆王以來，下更秦漢隋唐五代，外至四
　　海九州名山大澤，窮崖絕谷，荒林破塚，神仙鬼物，詭怪所
　　傳，莫不皆有，以為《集古錄》。[42]

他所注重的是在為史傳作考證，所以說：

　　　以為傳寫失真，故因其石本軸而藏之。……因並載夫可

---

[41]　（宋）歐陽修撰，《居士外集》卷一六〈與張秀才第二書〉，頁四八一。
[42]　（宋）歐陽修撰，《居士外集》卷四一〈集古錄自序〉，頁二八七。

與史傳正其闕謬者，以傳後學，庶益於多聞。[43]

　　《集古錄》保存著古代金石刻文及彝器的著錄，一則以廣後人的見聞，一則以校正補充史傳的闕謬。這一點在史學及考據學上，是尤為重要的建樹，現可以舉例來印證。如魏受禪碑，十月辛未受禪於漢。歐陽修據以證後《漢書・獻帝紀》十月乙卯皇帝遜位，《魏志》十一月癸卯魏猶稱王的謬誤，並作論說：

　　　　禪代大事也，而二紀所書如此，則史官之失以惑後世者，可勝道哉![44]

又如前漢谷銅甬銘，歐陽修跋云：

　　　　銅甬，原父在長安得之，其後銘云：谷口銅甬容十斗，重四十斤，甘露（宣帝年號）元年十月計掾章平左馮翊府。原父以今權量校之，容三斗，重十五斤。[45]

這用以考古今權量的差異，是最為有用的。

　　依據沈括《夢溪筆談》卷三〈辨證一〉云：

---

[43]　（宋）歐陽修撰，《居士外集》卷四一〈集古錄自序〉，頁二八七。

[44]　（宋）歐陽修撰，《集古錄跋尾》卷四，頁一一三四。

[45]　（宋）歐陽修撰，《集古錄跋尾》卷一，頁一一〇一。

　　　　予考樂律，及受詔改鑄渾儀，求秦漢以前度量斗升，計
　　六斗當今一斗七升九合，秤三斤當今十三兩。[46]

此六斗當一・七九斗，則十斗當二・九八三三斗，與原父所校十
斗當三斗，所差不過〇・〇一四七斗，可謂正同，只重量不甚符
合。沈括所考的古秤，比谷口甬的重量多百分之十六。不知道沈
括是以何物作校量，但以容量來推校，則歐陽修的銅甬是正確的。
　　歐陽修在考訂、闡釋金石文字的時候，利用金石文字來對照
史傳，糾謬補缺，使金石文字成為歷史的見證，從而豐富了歷史
文獻的內容。在約四百篇的《集古錄跋尾》中，歐陽修訂正舊史
之訛誤達三百餘處。將金石文字作為研究歷史的重要文獻，這是
史學研究中的一大創舉，對後世產生了重大影響。
　　四、他重視當前的史料。他不但博覽群書，重視當前的史料，
而且致力於目錄學。在慶曆元年，便參加編修《崇文總目》。這
本書影響到後來的目錄學。如馬端臨《文獻通考・經籍考》的分
類方法和內容，就大致採用了《崇文總目》的辦法。
　　清代學者章學誠在《校讎通義》的序言中說，編著書目，最
困難的是撰寫敘錄，尤其是各類小序。他指出：「非深明于道術
精微，群言得失之故者，不足為此。」[47]而據學者研究，《崇文

---

[46]　（宋）沈括著，《夢溪筆談》卷三〈辨證一〉（長沙：岳麓書社，一九九八年
　　四月），頁二三。

[47]　（清）章學誠著，《校讎通義》敘（收入《粵雅堂叢書》第五集，臺北市：臺
　　灣華文，民國五十四年五月），頁二四一三。

總目》中的小序，一半出自歐陽修之手。由此，可看到歐陽修在
編修《崇文總目》中舉足輕重的地位，也肯定了歐陽修在整理古
代文獻方面的不朽貢獻。

　　五、除了撰寫集古錄保存史料以外，他任史館修撰時，曾奏
請史館多保存史料。他說：

　　　　然近年來，員具而職廢，其所撰述，簡略遺漏，百不存
　　一，至於事關大體者，皆沒而不書，此實史官之罪而臣之責
　　也。然其弊，在於修撰之官⋯⋯是以朝廷之事，史官雖欲書
　　而不得書也。[48]

他又主張史館獨立，不受君主支配，所以說：

　　　　自古人君，皆不自閱史。今撰述既成，必錄本進呈，則
　　事有諱避，史官雖欲書而又不可得也。[49]

除了官家保存史料之外，他又致力於私人方面的保存史料，所以
作《歸田錄》、《濮議》及《奏錄》等。

　　六、參與編修《新唐書》。《舊唐書》修於五代動亂之時，
能夠援引的史料有限，北宋中期便出現了要求重修唐書的呼聲。
仁宗至和元年（一○五四），歐陽修和宋祁奉敕重修唐書，歷時

---

[48]　（宋）歐陽修撰，《奏議集》卷一二〈論史館日曆狀〉，頁八五○。
[49]　（宋）歐陽修撰，《奏議集》卷一二〈論史館日曆狀〉，頁八五○。

七年，成《新唐書》二百二十五卷。書中的本紀、志、表，為歐陽修所纂，列傳則出於宋祁之手。《新唐書》問世後不久，便取代《舊唐書》，成為記述唐代歷史的一部正史。

《新唐書》在正史編寫體例方面的貢獻，主要表現在兩方面：其一，《新唐書》增列了表系。清顧炎武對正史中的表曾給予高度評價，稱作史體裁，莫大于是。[50]這實際也是肯定了《新唐書》在恢復表系方面的貢獻。其二，《新唐書》的志書十分詳細。志書是專門敘述政治、經濟、文化等制度，《新唐書》將志擴大為十三項，不但材料豐富，而且也全面地反映唐代政治、經濟、文化的發展情形。而《新唐書‧藝文志》則將開元前後直到唐末的書目全部載入，並且簡載作者情況，其中唐人文集就有六百多家，成為今日學者查考唐人著述的主要依據。

七、編修《新五代史》。宋太祖開寶六年（九七三）四月，敕令薛居正纂修《五代史》，該書由於成書倉促，採訪剪裁，難免失誤。歐陽修認為它繁猥失實，便有意重新撰寫五代史。其後，在政事倥傯之間，他開始著手編纂，前後經過近十八年的時間，修成《新五代史》。該書到神宗熙寧十年（一○七七）才得以刊刻問世。

五代史記效法《春秋》。錢穆說：

　　歐陽修的《五代史》是上法《春秋》的！後來人批評此

---

[50] （清）顧炎武撰，《日知錄》卷二六〈新唐書〉條（收入《景印文淵閣四庫全書》第八五八冊，臺北市：臺灣商務，民國七十二年），頁九七四～九七八。

書，說它褒貶祖《春秋》，故義理謹嚴，敘述祖《史記》，
故文章高簡。又說史官秉筆之士，文采不足以耀無窮，道學
不足以繼述作，惟歐公慨然自任遷固。[51]

這是說一般正史，從四史以下文章都寫不好，也沒有一種高尚的
觀點，足以成為標準的著作，只有歐陽修五代史記可謂遷固以來
未之有。這都是極端稱讚歐陽修的《新五代史》，文章比《史記》，
而書中義理又是學孔子《春秋》的。趙甌北說：

　　不閱薛史，不知歐史之簡嚴也。歐史不惟文筆潔淨直追
　　《史記》，而以《春秋》書法寓褒貶於紀傳之中，則雖《史
　　記》亦不及也。[52]

歐陽修說：

　　先公既奉敕撰唐書紀志表，又自撰五代史七十四卷。其
　　作本紀用春秋之法，雖司馬遷、班固，皆不及也。……五行
　　志不書事應，悉破漢儒災異附會之說，皆出前人之所未至，
　　其於五代史，尤所留心，褒貶善惡，為法精密，發論必以鳴

---

[51] 錢穆「歐陽修新五代史與新唐書」（收入《錢賓四先生全集》第三十三冊〈中
國史學名著〉，臺北市：聯經，民國八十四年），頁二五一。

[52] （清）趙翼撰，《廿二史劄記》卷二一〈歐史書法謹嚴〉（臺北市：樂天，民
國六十三年十月再版），頁二八五。

　　呼，曰，此亂世之書也。[53]

　　對於《新五代史》的評價，眾說不一。如與《舊五代史》相比，
《新五代史》存在著內容過簡，敘事不詳的缺陷。然而它的長處
卻是十分明顯的。其一，它格外重視史論。歐陽修將自己的全部
感情均傾注到他記述的史事之中，自司馬遷之後，這樣的史家實
在是屈指可數。其二，《新五代史》具有鮮明的文學性。歐陽修
以文學家的手筆寫史，他的人物傳記，語言簡潔生動，人物形象
栩栩如生。

　　八、編修《歐陽氏譜圖》。譜牒是一種重要的文獻資料，又
是保存原始史料最佳的檔案，比地方志乘的功用還要正確。歐陽
修不但注意研究，還努力加以改善。他依照禮記「小宗別子為宗」
的辦法，創立五世一格法。文集中有〈與曾鞏論氏族書〉說：

　　　　修白，貶所僻遠，不與人通，辱遣專人惠書，甚勤，豈
　　勝媿也？示及見託撰次碑文事，修於人事多故，不近文學久
　　矣。大懼不能稱述世德之萬一，以滿足下之意。然近世士大
　　夫於氏族，尤不明其遷徙，世次多失其序。至於始封得姓，
　　亦或不真，如足下所示云。[54]

這表示宋代族譜的零亂失修。同時蘇洵也是研究譜牒學的。他說：

---

[53]　（宋）歐陽修撰，《歐陽修全集》附錄卷五〈事跡〉，頁一三七一。

[54]　（宋）歐陽修撰，《居士集》卷四七〈與曾鞏論氏族書〉，頁三二三。

為蘇氏族譜。它日歐陽公見而嘆曰：吾嘗為之矣。出而
視之，有異法焉。曰是不可使獨吾二人為之，將天下舉不可
無也。洵於是又為大宗譜法，以盡譜之變，而並載歐陽氏之
譜，以為譜例。[55]

　　歐陽修的《歐陽氏譜圖》在時間上稍早於蘇洵。它在體例上，
本於司馬遷《史記》的表、鄭玄的《詩譜》。它以五世為限，上
從高祖起，下至玄孫止。五世以外，表格難以容納，就另外開闢
一個世系。它以時代為經，以人物為緯，每人之下記載子孫姓名、
生平事蹟等，見於史傳或其他家譜的，附於圖後。記事繁簡，則
以遠近親疏為別。譜圖簡明實用，被世人廣為取法，成為宋代以
後新譜牒的規範之作。

　　北宋後期，王安石、朱長文、游酢、程祁等人先後編撰世譜
或家譜。至南宋，士大夫參與編撰族譜的逐漸增多。到明清，私
修族譜遂成風氣，成為社會上的一大盛事。然而他們所採用的體
例，始終未超脫歐陽修和蘇洵所創定的格式。因此，歐陽修開創
了宋以後的新譜學。這是他對古代文獻事業的又一大貢獻。

---

[55] （宋）蘇洵撰，《嘉祐集》卷一四〈譜例〉（收入《景印文淵閣四庫全書》第
　　一一〇冊，臺北市：臺灣商務，民國七十二年），頁九四七～九四八。

第三節 《崇文總目》的取材範圍和編纂方式

　　《崇文總目》之編纂與景祐校書活動同時進行，其內容即以三館秘閣藏書為依據。但《崇文總目》著錄書籍並非皆為此次校勘過的書籍。景祐校書的總量為經、史 8,425 卷，子、集 12,366 卷，而《總目》著錄的書籍則為 30,600 餘卷，經過校勘的書籍僅為《崇文總目》著錄數量的三分之二。可見，《崇文總目》所著錄的內容，尚包括三館秘閣中未經校勘的書籍。而三館秘閣藏書，也並未被全部著錄進此目中。蔡襄《端明集》云：「慶曆間，予在館閣，嘗見《九仙經會》。修《崇文總目》，凡怪誕之說擯而不取，故家無傳本。」[56]可見，在《崇文總目》編纂之時，對書籍的內容是有一定要求的。此外，偽書亦不著錄。《玉海》稱：「景祐元年閏六月，以三館秘閣所藏有謬濫不全之書，辛西命翰林學士張觀，知制誥李淑、宋祁將館閣正副本書看詳，定其存廢，偽謬重複並從刪去。內有差漏者，令補寫校對，仿《開元四部錄》，約《國史藝文志》著為目錄。」[57]程俱所稱「定其存廢，偽謬重複並從刪去」即景祐校書之工作。可見三館秘閣中藏書中的某些書籍有副本，同時也藏有一些偽謬之書。《崇文總目》在著錄時遇到同書複本時，僅著錄其中一本，而確定是偽謬的書籍則不予著錄。這種著錄原則保證了《崇文總目》著錄內容的正確性。但

---

[56] （宋）蔡襄撰，《端明集》卷三十四，影印文淵閣四庫全書本，上海古籍出版社 1987 年版，第 1090 冊，第 127 頁。

[57] （宋）王應麟撰，《玉海》卷五十二，廣陵書社 2007 年版，第 996 頁。

也存在一定的弊端：某些書籍的真偽並不容易確定，鑒定失誤就很有可能出現誤刪之情況。而同書之複本，有可能是同一部書籍的不同版本，《崇文總目》僅選擇其中一種進行著錄，很有可能遺漏某些珍貴版本。而且從《崇文總目》殘本中各書提要來看，其中似乎也未言書籍之版本情況，這就使一書之流傳情況逐漸不為人知。

同時《玉海》中還說《崇文總目》乃「約《國史藝文志》」而成，這說明了《崇文總目》資料的另外一個來源。王應麟所說《國史藝文志》當為《三朝國史志》。《崇文總目》編纂時，《三朝國史志》剛編纂成功不久。《總目》的編纂者，利用這一成果自然順理成章。從《玉海》的表述來看，《總目》編者，並非照抄《三朝國史志》，而是將其簡化而成。其具體如何簡化，由於《三朝國史志》已經亡佚，無法完整的考證。但《文獻通考》中有多處引文，記錄了《三朝國史志》各部著錄書籍的數量，可以之為例，略作考察。以經部為例，《三朝國史志》的著錄情況如下：易 27 部，240 卷。書 11 部，101 卷。詩 13 部，141 卷。禮 40 部，1,056 卷。春秋 72 部，658 卷。論語 16 部，139 卷。孟子 5 家，27 卷。孝經 6 部，10 卷。經解 15 家，171 卷。樂 45 部，409 卷。讖緯 4 部，32 卷。《崇文總目》的著錄如下：易 18 部，171 卷。書 7 部，81 卷。詩 8 部，115 卷。禮 33 部，1,097 卷。春秋 33 部，396 卷。論語 13 部，210 卷。孝經 5 部，9 卷。樂 48 部，181 卷。從兩部目錄經部中部分小類所著錄書籍部數與卷數的比較來看，除了樂類之外，《三朝志》著錄書籍的部數皆比《崇文總目》著錄的要多。而從卷數上來看，除禮類《崇文總目》略

多以外，其餘大部分部類都是《三朝志》著錄的數量多。由此可以推斷，《崇文總目》是在《三朝志》的基礎上，根據自己的著錄原則，刪去了部分書籍條目而成。此外，著錄書籍之提要，《崇文總目》亦較《三朝國史志》為簡略。如《文苑英華》之提要，《崇文總目》僅云：「《文苑英華》一千卷，宋白等奉詔撰，採前世諸儒雜著之文。」[58]而《三朝國史志》中《文苑英華》之提要則內容豐富，凡 200 餘字，談及編者、編纂緣由、編纂體例、編纂過程等諸多內容。如此，王應麟之說法確有一定道理。

需要注意的是，《三朝國史志》與《崇文總目》在分類方式上存在很大的不同，這說明《崇文總目》並非僅僅以《三朝國史志》為基礎簡單地進行了刪減之後編纂而成的，而是一次全新的編纂工作。《宋史‧藝文志》乃據宋代的幾部《國史藝文志》編纂而成，考察《宋史‧藝文志》著錄的內容，與《崇文總目》相比，相當一大部分書籍的卷數都不同，尤其是集部諸書。顯然，《崇文總目》與《國史藝文志》在著錄時所依據的藏書版本是有所不同的。因此，王應麟的所謂「約《國史藝文志》」的說法，並不十分準確。《崇文總目》在編纂過程中，編纂官或許參考了《三朝國史志》的內容，有些著錄基本相同的條目很可能是在《三朝國史志》的基礎上刪改而成的，此外刪去了一些不符合此次編目原則的書籍。從根本上說，《崇文總目》與《國史藝文志》並不存在太緊密的聯繫。

---

[58] （宋）李昉等奉敕撰，《文苑英華》卷首〈事始〉，中華書局 1960 年版，第 8 頁。

　　從《崇文總目》的取材範圍來看，它所著錄的書籍，僅是三館秘閣所收藏書籍的一部分，與《三朝國史志》所著錄的 39,000 餘卷相比，《崇文總目》少了 9,000 餘卷。因此，《崇文總目》並不能代表整個國家的藏書狀況。

　　《崇文總目》編纂之後，對兩宋時期我國的圖書整理事業帶來了巨大的影響。從慶曆以後，北宋政府多次搜訪圖書工作與館閣校理工作，都是以《崇文總目》的著錄作為主要依據。《宋會要》云：「是月，秘書省言：《崇文總目》內書籍是將四館分書併合著錄，自來逐館分書多少不等，每處未有全依得《總目》內數目者。今既先用黃紙書一本充秘閣收藏，即自嘉祐中編校，後來所寫書本尚猶未能足數，即今見行添補。欲將秘閣先退下舊白本及諸館分舊書或兼本者，亦依《崇文總目》編次一本，充史館收藏，其餘接續編次集賢、昭文。內集賢一本充諸處借取外，其餘更不得借出。」[59]再如《玉海》記載：「嘉祐六年十二月二十三日壬寅，賜輔臣兩制，館閣官宴于崇文院。宰臣韓琦以下刻石記於院之西壁。先是，詔置編定編校一員，據《崇文院總目》刊正補寫。至是寫校畢。」[60]皇祐元年、政和七年亦曾兩次據《崇文總目》搜訪民間遺書。政和年間這次，還對《崇文總目》進行了補訂，編纂了《秘書總目》一書。靖康之難，宋室倉皇南逃，中外諸閣藏書損失慘重。南宋政府即將《崇文總目》之提要刪去，

[59] （宋）徐松輯，《宋會要輯稿》之〈職官〉十八，中華書局 1957 年版，第 2759 頁。

[60] （宋）王應麟撰，《玉海》卷一百六十八，廣陵書社 2007 年版，第 3078 頁。

僅留書目，下發各地，以此作為依據，搜訪、編纂書籍。《宋會要》記載此事稱：「（紹興十三年十二月）二十五日，權發遣盱眙軍向子固言：比降旨，令秘書省以《唐藝文志》及《崇文總目》，據所闕者，榜之撿鼓院，許外路臣庶以所藏上項之書投獻。尚恐遠方不知所闕名籍，難於搜訪抄錄。望下本省，以《唐藝文志》及《崇文總目》應所闕之書，注闕字於其下，鏤板降付諸州軍，照應搜訪。從之。」[61]可見，《崇文總目》編訂以後，實際上成為宋朝政府藏書、訪書的最主要依據。《崇文總目》之影響並不止於此，與南宋對立的金朝，亦曾以此書為搜書依據。《歷代通鑒輯覽》稱：「金購求遺書，凡《崇文總目》內所闕書籍悉購之。」[62]可見《崇文總目》影響之廣泛。而從目錄學的發展來說，《崇文總目》所採用的圖書分類方法對後代的目錄編纂也有重要影響，南宋初年晁公武所編《郡齋讀書志》的分類方法即深受此目之影響。

第四節　《崇文總目》之傳本

現存《崇文總目》的輯本有三種：

第一、寧波天一閣所藏之明抄宋版《崇文總目》一卷，有目

[61]（宋）徐松輯，《宋會要輯稿》之〈崇儒〉四，中華書局1957年版，第2243頁。

[62]（清）傅恒編，乾隆批：《御批歷代通鑒輯覽》卷八十九，影印文淵閣四庫全書本，上海古籍出版社1987年版。

無釋，上有闕字，可能就是紹興十二年（一一四二）頒發諸州軍
搜訪的本子，稱「紹興改定本」。

　　第二、清乾隆年間編修《四庫全書》時，從《永樂大典》中
輯出，共十二卷，此為武英殿聚珍版本，也稱「大典本」或「四
庫輯本」。

　　第三、錢輯釋本，《崇文總目輯釋》五卷。清嘉慶四年（一
七九九），錢侗等人依據《天一閣本簡目》，又從《歐陽文忠公
集》、《玉海》、《文獻通考》等宋人文集、史乘書目暨宋元人
叢書敘跋，輯而綴之，並以四庫輯本互勘異同，凡得原敘三十篇、
原釋九百八十條、引證四百二十條，定為五卷，較前輯本溢出甚
多。目分四部四十五類，以書成年代先後為序，原釋無考者為之
補釋，參差闕誤處附以按語，群書所引而天一閣本無目者，別為
補遺，並合歷代評論提要為附錄。此輯目曾刊入《汗筠齋叢書》
（即《蘭芬齋叢書》）、《粵雅堂叢書》、《後知不足齋叢書》、
《叢書集成初編》。[63]錢輯釋本雖有缺佚，但優於十二卷本，為
今之通行本。

　　《崇文總目》的大部分序文仍保留在歐陽修的《歐陽文忠公
集》中，其卷一二四為《崇文總目》敘釋，所存序文為經部八篇、
史部二篇、子部十一篇、集部四篇。《崇文總目》後亦遺佚，今
傳世者為四庫輯本、錢東垣等輯釋本，雖考訂精審，然亦不能復
其原璧。至其流傳經過，朱彝尊、杭世駿、錢大昕及《四庫提要》

63　梁啟超著，《圖書大辭典‧簿錄之部》，頁二二～二三。

等，雖有辯證，以錢說為勝。[64]《崇文總目》雖然缺佚，但它在總括宋初書籍狀況，以備後世查驗存佚方面，仍然存有很高的參考價值。

《崇文總目》的原本，約散佚於宋、元間，而傳本僅是一卷的簡目，不過清人有輯本（四庫輯本、錢輯釋本）。

一、簡目注本

《崇文總目》的原本既久已亡佚，而《歐陽修全集》、《文獻通考》、《玉海》等書，頗加引用。朱彝尊想加以彙鈔而未成。朱氏雖未能從事《崇文總目》原本的輯佚工作，但是，他對一卷本的簡目，似曾有注。如《崇文總目輯釋》卷一經部·易類，《周易正義補闕》七卷云：

> 原釋邢璹（見天一閣鈔本），不著撰人名氏，其說自謂禪穎達之闕（見《文獻通考》）。東垣按《玉海》引《崇文目》同《通考》作《周易正義補缺略例疏》一卷，引不著撰人名氏。……陳詩庭云：前《周易正義》孔穎達等四字，下卷《尚書斷章》成伯璵三字，及此邢璹，並與《通考》所引互異，疑世所傳天一閣本，即朱錫鬯所鈔，而此數條皆其增

---

[64] 案（清）朱彝尊《曝書亭集》卷四四有〈崇文書目跋〉、（清）杭世駿《道古堂文集》卷二五有〈崇文總目跋〉、（清）錢大昕《十駕齋養新錄》卷一四有〈崇文總目〉等，三氏皆有辯證，惟以錢說較勝。

加者。錫鬯曾撰《經義考》，故舊本于經部注釋撰人獨多。[65]

據陳詩庭按語，實得自《四庫全書》輯本。四庫本卷一《尚書斷章》條目云：「不著撰人名氏。」而天一閣抄本書下有「成伯璵」三字，與注不著名氏之說不符，唯恐是朱彝尊所加，非原本所有。而四庫本《周易正義》和《周易正義》條及《周易正義補闕》，則均無按語。是其所據的天一閣本沒有孔穎達、邢璹的姓名，還是館臣略而未加按語，則不得而知。

又如輯釋本卷一經部·詩類《毛詩古訓傳》二十卷，〈毛亨撰〉，東垣按《漢志》三十卷或作故訓古字通。並未注明出自天一閣或《文獻通考》等，四庫本便未記載撰人名氏。

又如禮類的《三禮》（《周禮》十二卷、《儀禮》十七卷、《禮記》二十卷）著錄〈鄭康成注〉，兩書的情形相同。不過，詩類的《韓詩外傳》十卷條目下，輯釋本著錄〈韓嬰撰〉，並東垣按《漢志》六卷，四庫本則無。這些撰人姓名，似非天一閣本所有。

又如經部·禮類的《禮記字例同異》一卷條目之下，輯釋本著錄「《唐志》不著撰人，原釋闕（見天一閣鈔本）。東垣按《玉海》引《崇文目》同。」在輯釋的體例上，《唐志》不著撰人，不是原釋，所以四庫本無。但是也不是錢東垣等按語。

在小學類的《書隱法》一卷條目下，輯釋本著錄「《通志略》、

---

[65] （清）錢侗撰，《崇文總目輯釋》卷一經部·易類（臺北市：廣文，民國五十七年三月），頁三五～三六。

《宋志》，並不著撰人。」及禮類的《禮記字例異同》一卷條目
下有「《舊唐書》無、《新唐志》作異同。」《新唐志》成書已
在《崇文總目》之後，[66]且同出於歐陽修之手。至於《通志》成
於南宋，《宋志》更晚在元代。不僅不能為《崇文總目》敘釋所
引用，紹興間的有目無釋本，也不能引用。而這一類的例子也很
多，且不僅是經部，連史、子、集三部也很多，這一問題遠比《周
易正義》十四卷條目下的孔穎達等撰人姓名重要，錢輯釋本無一
字說明，而僅因四庫輯本致疑於闌入敘釋的撰人，可說是見小遺
大了。頗疑這些引證的各家書目，以出於朱彝尊，因為清代流傳
的《崇文總目》簡本，雖多說是出自天一閣本，實則每從朱氏《曝
書亭集》轉載。而錢輯本多少也受到這些注記的啟示。

二、四庫輯本

　　《崇文總目》不僅原本早已由殘缺而亡佚，即使一卷本簡目，
也僅有鈔本流傳。清乾隆間修《四庫全書》時，自《永樂大典》
中輯出。《四庫全書總目提要》云：

> ……是刊除敘釋之後，全本已不甚行，南宋諸家或不見
> 其原書，故所記卷數各異也。……此本為范欽天一閣所藏，
> 朱彝尊鈔而傳之，始稍見於世，亦無作釋。……今以其言考

---

[66] 《新唐書》修成於嘉祐五年（一〇六〇），《崇文總目》則修於景祐元年至慶
曆元年（一〇三四～一〇四一），早於《新唐書》二十年。

之，其每類之敘，見於《歐陽修集》者，祇經史二類及子類之半，馬端臨《文獻通考》所載論說亦然。晁公武《讀書志》、陳振孫《書錄解題》皆在《通考》之前，惟晁公武所見多《通考》一條，陳氏則但見六十六卷之目，題曰紹興改定者而已。《永樂大典》所引，亦即從晁、陳二家目中採出，無所增益，已不能復睹其全。然蒐輯排比，尚可得十之三、四，是亦較勝於無矣。謹依其原次以類補入，釐為一十二卷，其六十六卷之原次，仍注於各類之下。[67]

梁啟超也說《崇文總目》編纂歷史及內容價值，《四庫全書總目提要》論列頗詳允。而前引對輯佚的說明，則不夠清晰。所提及「晁公武所見，多《通考》一條」，即指衢州本所載的六十四卷本。「從晁、陳二家目中所採」，是說晁、陳二志所記的一卷本簡目，而晁、陳二家，也是書目，易於誤解是從晁志、陳錄本書所引採出。「無所增益」，固然如此，可是和天一閣本卻不免有些出入，當是因傳鈔本既多而有歧異。「蒐輯排比，尚可得十之三四」，如指簡目，實大體完全；如指原本敘釋，則有六十多卷，不僅庫本不到十之三、四，即使錢氏輯釋本，也沒有這麼多。

輯釋本附錄《四庫全書簡明目錄》中，有錢侗按語云：

---

[67] （清）永瑢等奉敕纂，《四庫全書總目提要》史部·目錄類一（臺北市：臺灣商務，民國五十四年），頁一七七六～一七七七。

　　四庫館新定本作十二卷，提要所錄亦同此作二十卷，傳刻誤也，是書編類，悉依天一閣所鈔紹興改定本。《歐陽公集》、《文獻通考》所載敘釋，並採附諸書之後。餘如《永樂大典》所引各書、亦取證一二，凡原敘二十七篇，原釋二百一十七條，引證二十一條。[68]

　　與錢輯釋本輯得原釋九百八十條相比，還不到四分之一。至於四庫本的傳本，由商務印書館收入《四庫全書珍本別集》，另外，《景印文淵閣四庫全書》，收入史部·目錄類。

三、錢輯釋本

　　四庫輯本既然採錄不廣。清嘉慶三年（一七九八），嘉定錢氏再予以搜輯，編成《崇文總目輯釋》五卷、補遺一卷、附錄一卷。四年己未（一七九九），錢侗撰有小引，記其經過，云：

　　　　以今觀之，《歐陽集》一百三卷，具錄經、史、子三部原敘，《文獻通考》多半採《總目》之文，獨集部全未稱引，子部又加略耳。餘如《玉海》各類，其述《崇文目》尤多。而《歐陽全集》、《南豐文集》、《東觀餘論》、《讀書志》、《書錄解題》、《通志校讎藝文二略》、《孟子疏》、《輿地碑目》、《雲谷雜記》、《困學紀聞》、《三家詩考》、

---

[68]　（清）錢侗等撰，《崇文總目輯釋》下冊附錄《四庫全書簡明目錄》，頁八三八～八三九。

《漢藝文志考證》、《宋史‧藝文志》、《陝西通志經義考》諸書，暨宋、元人叢書，敘跋閒一及之，皆足以資考訂，亦不僅如朱、杭二跋所云也。

侗家舊藏四明范氏天一閣鈔本，止載卷數，時或標注撰人，然惟經部十有一二，其餘不過因書名相仿，始加注以別之，此外別無所見，讀者病焉。

秦君照若偶見是書，叱為秘笈，欲受而付之梓人，因偕伯兄既勤、仲兄以成、金秬和姊倩凡五人，區類搜採，其引見古今載籍者，輯而綴之，猶錫鬯之志也。

讐校方半，又屬友人於文淵閣中借鈔四庫館新定之本，互勘異同，總得原敘三十篇，原釋九百八十條，引證四百二十條，或原釋無從考見，乃為博稽史志，補釋撰人。其中標卷參差，稱名錯雜，以暨闕漏之字，訛舛之交，傳諸來茲，易滋疑義，則仿趙君錫考異，隨齋批注、王伯厚考證之例，間為一二商榷語。而陳君令華亦時與參校，其間所益益夥矣。至原本書共三千四百四十五部，三萬六百六十九卷，較諸今本多寡懸殊。蓋七百餘年來轉輾傳鈔，未免脫佚，故有群書所引而今無其目者。侗又別為補遺，附著卷後。凡閱半載而事竣，命曰輯釋，釐卷以五。經部為伯兄輯，史部為仲兄輯，子部下為秬和輯，集部為照若輯，其子部以上則侗所輯也。[69]

---

[69] 其中伯兄名東垣，仲兄名繹。秬和名金錫鬯，錢侗姊丈。照若名秦鑒。六人分工合作，可說是家庭作業，實為目錄學上之佳話。其文引自清‧錢侗等撰，《崇文總目輯釋》之〈崇文總目輯釋小引〉，頁二二～二三。

以上所記，頗為詳備，不過還遺漏了一項，便是原本每卷開頭，都有共多少部、計多少卷字樣。輯釋則又引證《崇文總目》所載，明其異同。並再就今本所收各書，核計其部、卷數，加以比較。

茲以錢輯釋本和四庫輯本做一比較如下：[70]

	四庫輯本	錢輯釋本	增　加
原敍	二七篇	三〇篇	十分之一強
原釋	二一七條	九八〇條	四倍半強
引證	二一條	四二〇條	二十倍

可見錢東垣等用心之處、用力之勤。

現依據「錢輯釋本」將各類的部、卷數列於後，以見當時的四館藏書的情況：[71]

類　別	部　數	卷　數
易類	一八部	一七一卷（《玉海》引《崇文目》作一七八卷）
書類	七部	八一卷
詩類	八部	一一五卷
禮類	三三部	一、〇九七卷
樂類	四八部（實四九部）	一八一卷（實三〇二卷）

---

[70] 喬衍琯〈崇文總目考略〉，《國立政治大學報》第五十二期，民國七十四年十二月，頁八。

[71] 引自（清）錢侗等撰，《崇文總目輯釋》。倪士毅〈北宋官修目錄——崇文總目〉，《宋史研究集刊》（杭州：浙江古籍，一九八六年四月），頁三三四～三三七。

類　別	部　數	卷　數
春秋類	三三部	三九六卷（實三九七卷）
孝經類	五部	九卷
論語類	一三部	二一〇卷
小學類上	二八部	三〇〇卷
小學類下	二九部	二一九（實二二二卷）
經部　共計二二二部（實二二三部）　　二、七七九卷（實二、九〇四卷）		

類　別	部　數	卷　數
正史類	三〇部（實二九部）	二、一六二卷（實二、一三二卷）
編年類	三八部	五七九卷（實六〇六卷）
實錄類	三三部	八四一卷（實八〇一卷）
雜史類上	六八部	六七一卷（實六六一卷）
雜史類下	三四部（實三三部）	三三五卷（實三三一卷）
偽史類	二七部	三二六卷（實三一九卷）
職官類	三四部	二〇二卷（實二二五卷）
儀注類	二八部（實二九部）	一一〇卷（實一二〇卷）
刑法類	五一部	七一六卷（實七〇五卷）
地理類	八三部	六四七卷
氏族類	四一部	一一二卷（實一〇九卷）
歲時類	一五部	四二卷
傳記類上	七八部（實六八部）	三七〇卷
傳記類下	七六部（實七四部）	四七六卷（實四二八卷）
目錄類	一九部	一七九卷（實一八六卷）

類　別	部　數	卷　數
史部　共計六五五部（實六四二部）　七、七六八卷（實七、六八二卷）		

類　別	部　數	卷　數
儒家類	四四部	三二〇卷（實三三〇卷）
道家類	三五部	一七〇卷（實一六八卷）
法家類	六部	六五卷
名家類	五部	一〇卷
墨家類	二部	一六卷
縱橫家類	一部	三卷
雜家類	三九部	四二二卷（實四二〇卷）
農家類	八部	二四卷
小說類上	七一部（實七〇部）	二九九卷（實二八七卷）
小說類下	五一部（實四九部）	八六五卷（實八四四卷）
算術類	三一部	七九卷（實七三卷）
藝術類	五四部（實五二部）	九八卷（實一〇〇卷）
醫書類一	五九部（實五八部）	一、二七二卷（實一、三八四卷）
醫書類二	六〇部（實五八部）	二八八卷（實三六三卷）
醫書類三	五六部	一五三卷
醫書類四	六五部（實六三部）	一三九卷（實一四六卷）
醫書類五	六五部	一三〇卷（實一三五卷）
卜筮類	六〇部（實五六部）	一一四卷（實一一〇卷）
天文占書類	五一部（實四七部）	一九七卷（實一八一卷）
曆算類	四六部	一九七卷（實一八一卷）

類　別	部　數	卷　數
五行類上	四二部	五〇四卷（實五〇一卷）
五行類中	七三部（實七二部）	一八五卷（實一七七卷）
五行類下	五〇部（實五二部）	一四九卷（實一六〇卷）
道書類一	五五部	一〇四卷（實九五卷）
道書類二	五〇部（實四八部）	二八六卷（實三八〇卷）
道書類三	五八部（實五九部）	八一卷（實八二卷）
道書類四	八三部（實七九部）	九八卷（實九七卷）
道書類五	五八部	一八四卷（實八六卷）
道書類六	五五部（實五四部）	七九卷（實七五卷）
道書類七	五一部（實五六部）	八一卷
道書類八	五五部（實四九部）	八五卷
道書類九	六〇部	一〇六卷（實一〇〇卷）
釋書類上	五七部（實五五部）	三三六卷（實三二九卷）
釋書類中	五四部	八九卷（實九八卷）
釋書類下	二七部	二〇二卷（實二九八卷）
子部　共計一、八二四部（實一、七九三部）　一二、四一七卷（實一二、五五五卷）		

類　別	部　數	卷　數
總集類上	七三部	二、六三九卷（實二、七二八卷）
總集類下	七四部（實七二部）	四一〇卷（實四二八卷）
別集類一	九九部	一、一三六卷
別集類二	一一三部	一、四六四卷

類　　別	部　　數	卷　　數
別集類三	七六部	三〇二卷
別集類四	一一八部	三五一卷
別集類五	四二部	一〇二卷
別集類六	六二部	三二二卷
別集類七	六二部（實六〇部）	五三六卷（實五六五卷）
文史類	二五部（實九〇部）	七〇卷
集部　共計七四四部（實七四二部）　七、三三二卷（實七、四六八卷）			

經、史、子、集四部合計實三、四〇〇部，三〇、六〇九卷；與原書三、四四五部，三〇、六六九卷，不相符合，恐係輾轉傳鈔，未免脫誤所致。梁啟超云：

今錢輯所采佚文既加增，考證亦更精審。倘朱氏結一廬本不足信或已佚者，則錢輯固當為此書第一善本矣。[72]

趙士煒撰《中興館閣書目輯考》，亦參考《崇文總目》，在其所撰自序中云：

乾隆中葉，四庫館臣，自《永樂大典》輯出《崇文總目》，僅十得二三，提要已謂其為策府之驪淵，藝林之玉圃，誠有以也。嘉慶初，嘉定錢氏，合昆季戚友之力，別為新製，採

---

[72] 梁啟超著，前引書，頁二五。

集益廣，所得尤多。雖偶有舛訛，無妨大體。[73]

僅在推崇之中，稍有微詞。

又在其所撰的後序中云：「《崇文總目輯釋》，用後知不足齋本，（曾校過）。」當時是在撰《輯考》的過程中，發現了錢輯釋本的缺失，所以曾校過。不過在後序末署「時錢氏輯成《崇文總目》後之百三十有三年」，對錢輯釋本還是頗為推崇。[74]

但是，趙士煒在《宋國史藝文志輯本》自序中則云：

今《崇文》雖有輯本，惜考覈不精，《中興》並輯本亦無。余乃從事網輯，纂錄成書。《崇文目》亦重加校訂。[75]

錢氏合六人之力，歷時半年，引用參考二十多種書籍，輯成《崇文總目輯釋》。然而趙士煒一個人在三、四個月中，便對輯釋由「偶有舛訛，無妨大體」而到「考覈不精」，再經「重加校訂」，但是，可惜的是趙氏未能對《崇文總目》詳加輯考，連他自己「校過」、「重加校訂」的本子，也無從見到。

陳漢章對錢輯釋本也曾加以校訂，收入其自撰之《綴學堂叢稿初集》中，民國二十五年印行，但這部叢稿未見收入《叢書綜

---

[73] 趙士煒撰，《中興館閣書目輯考》自序（收入《書目類編》，臺北市：成文，民國六十七年七月），頁五九二。

[74] 趙士煒撰，《中興館閣書目輯考》後序，頁五九七。

[75] 趙士煒撰，《宋國史藝文志輯本》自序（收入《書目類編》，臺北市：成文，民國六十七年七月），頁六四〇。

錄》中。今由大陸北京市現代出版社於一九八七年據《綴學堂叢稿初集》本影印，收入《中國歷代書目叢刊》第一輯中。

　　茲就《崇文總目輯釋》一書之得失，分述如下：

一、體例方面

　　輯釋本在按語部分有出自「四庫輯本」的，並未加以說明。如〈經部・論語類〉有《刊謬正俗》八卷、〈史部・職官類〉有《具員事跡》七卷、〈子部・小說類下〉有《鑄錢故事》一卷等，這些書中的按語都是出自「四庫輯本」的，而輯釋本在引用按語時，並未加以說明。

　　另外，輯釋本在各書下簡目注有闕字，四庫本用小字逐行記在各條之末的左側，當是原釋。輯釋本則在各條之下，用大字標「原釋闕」三字，再用雙行小字在下面注「見天一閣鈔本」六字。如〈經部・樂類〉有《降聖引譜》一卷，原釋闕（見天一閣鈔本）；又如〈史部・編年類〉有《正閏位曆》三卷，柳璨撰，原釋闕（見天一閣鈔本）。這不僅增加冗字，而且這衹是簡本所注，不能算是「原釋」。

　　又輯釋本在所採用《文獻通考》、《玉海》等書徵引的敘釋原文之上，也都分別冠以「原釋」二字，和簡目所注的「闕」字，處理起來完全相同，一無分別。如〈經部・春秋類〉所載《春秋釋例》十五卷，杜預撰，原釋凡五十三例（見《文獻通考》）；又如〈經部・小學類上〉所載《釋名》八卷，原釋劉熙即物名以釋義，凡二十七目（見《玉海・藝文類》及陳道人《刻釋名跋》），這都在體例上實有繁瑣而不明。

二、引證錯誤

如《崇文總目輯釋》卷二〈史部·偽史類〉載:「《吳錄》二十卷,徐鉉等撰。繹按《唐志》作三十卷,張勃撰。」據《舊唐書·經籍志》和《唐書·藝文志》〈乙部·雜史類〉載:「《吳錄》三十卷,張勃撰。」而《宋史·藝文志》卷三〈史部·霸史類〉載:「《吳錄》二十卷,徐鉉、高遠、喬舜、潘祐等撰。」其不知並非一書,係書名偶同。

又如〈子部·藝術類〉載:「《相鶴經》一卷,浮邱公撰,佀按《舊唐志》又有伯鸞撰一卷。」據《舊唐書·經籍志》卷下〈丙部·農家類〉載:「《相馬經》一卷,伯鸞撰。」而《唐書·藝文志》所載亦同。則係輯釋本在引證上所造成的錯誤。

三、斷章取義

〈經部·孝經類〉載:「《孝經》一卷,鄭康成注。(見《文獻通考》)」原釋云:「五代兵興,中原久逸其書,咸平中日本僧以此書來獻,議藏秘府。」,依據陳振孫《直齋書錄解題》卷三〈經部·孝經類〉云:

> 按三朝志:五代以來,孔、鄭注皆亡。周顯德中,新羅獻別序《孝經》,即鄭注者。而《崇文總目》以為咸平中日本國僧周然所獻。未詳孰是。[76]

---

[76] (宋)陳振孫撰,《直齋書錄解題》卷三〈經部·孝經類〉(臺北市:廣文,民國五十七年三月),頁一六七~一六八。

錢東垣按語僅節取「《崇文總目》以為咸平中日本國僧周然所獻」
等句；以補日本僧名，而刪去「新羅亦獻過」的記錄和末句的疑
詞。

　　又如〈經部‧易類〉載：「《周易》十卷，原釋王弼注。（見
天一閣鈔本）」錢東垣按引「《隋志》、《釋文》敘錄並六卷。」
按《隋書‧經籍志》云：「《周易》十卷，魏尚書郎王弼注六十
四卦六卷，韓康伯注《繫辭》以下三卷，王弼又撰《易略例》一
卷。梁有魏大司農卿董遇注《周易》十卷，魏散騎常侍荀煇注《周
易》十卷，亡。」而《經典釋文》、《舊唐書‧經籍志》、《唐
書‧藝文志》、《宋史‧藝文志》等卷目俱同，《崇文總目》也
當如此。而錢氏所按引，則係斷章取義。

四、論斷錯誤

　　〈經部‧春秋類〉載：「《春秋述議》一卷，原釋隋在京太
學博士劉炫撰，本四十篇，唐孔穎達正義，蓋據以為說而增損之，
今三十九篇亡。（見《文獻通考》）」錢東垣按「舊本議訛作義，
今校改。《通考》作〈述議傳〉，《唐志》三十七卷。」按《隋
書‧經籍志》著錄《春秋左氏傳述義》四十卷，姚振宗《隋書經籍
志考證》以為作義字近古，不當據後來傳本改。而《舊唐書‧經籍
志》、《唐書‧藝文志》、《宋史‧藝文志》均已作議。而《宋史‧
藝文志》僅載一卷，亦同《崇文總目》，也失於按語引證。

五、按語引證資料不全

〈經部・小學類〉上載：「《小爾雅》一卷，孔鮒撰。」陳詩庭云：「《文選》注引皆作《小雅》。」按《漢書・藝文志》六藝略載：「《小雅》一卷，宋祁校云：小字下邵本有爾字。」這可知陳氏引《文選》注以證一名《小雅》，不如《漢書・藝文志》早，而《漢書・藝文志》有的本子作《小爾雅》，可證明這一本書名由來已久，不是從《崇文總目》開始的。

六、按語不明確

〈史部・編年類〉載：「《王氏五位圖》三卷，王起撰。原釋：自開闢至唐，以五運為敘。（見《玉海・藝文類》）」而錢氏繹按：「《玉海》引《崇文目》同，《隋志》、《唐志》、《通志略》並十卷，《宋志》作〈五運圖〉一卷。」按錢氏按語所引《玉海》，當是指書名卷數與《崇文總目簡本》同，不過在文字上不夠明確，並且很容易和輯引之《玉海》相混淆。

錢輯釋本雖然有上述缺失，但它也有精審之處。如〈經部・春秋類〉載：「《春秋繁露》十七卷，董仲舒撰。」錢東垣按歐陽永叔書《春秋繁露》後，出於《歐陽修全集》，引跋文，所論較詳，足資證也。而《四庫全書總目提要》及姚振宗《隋書經籍志考證》亦都未能加以引用。

又如〈經部・小學類〉上載：「《廣雅音》一卷，曹憲撰。」錢東垣按「《隋志》四卷。」補遺部分有錢侗按云：

四庫館新定本引《永樂大典》云：《宋志》，張揖《廣雅音》三卷。《崇文總目》同今本一卷，伯兄據諸家書目釋作曹憲撰。侗考揖撰《廣雅》，本未作音，故史志亦止有曹憲書。疑《宋志》偶誤，而《大典》承之。[77]

按《四庫全書總目提要》也云：「《廣雅》，魏張揖撰，隋曹憲為之音釋。」可見四庫館臣的疏失，亦可證明錢氏兄弟精審不苟。

《崇文總目》是北宋所編僅存的書目。宋代經過靖康之亂，都城南遷，圖書大量散佚，而有賴《崇文總目》的記載，才能瞭解到北宋時期各類圖籍的情形。但很可惜的是六十六卷原本《崇文總目》已散佚，雖然有《四庫全書》輯《永樂大典本》和錢侗等輯釋本，可惜都不夠完備、正確。陳漢章的輯釋補正，在取材方面也相當有限。

「錢輯釋本」所引據的材料已經不少，可做為藍本，「四庫輯本」亦有可以補正之處，當取以互校。一卷本的簡目，應該還有傳本，也可取以互勘。輯釋本所引證的材料，所據的版本不免有誤，如今晚出好的本子不少，當取以訂正。徵引有不完備之處，當參證原書和相關資料。

輯釋本所引據的資料，據小引雖有二十多種，然而如《群書考索》，便未加以利用。《群書考索》所引《崇文總目》雖不多，不過，還是有其獨到之處。又如《玉海》所引《崇文總目》甚多，

---

[77] （清）錢侗等撰，《崇文總目輯釋》補遺・小學類上，頁八○五。

因每出現在夾注中，雖然很不容易，但不免有所遺漏，也應當儘量蒐羅。

其實考證宋代書目，不妨從《崇文總目》著手，可以仿效姚振宗著《漢書·藝文志》及《隋書·經籍志》考證的方法，一一加以考證。

錢輯釋本的傳本很多，計有：

一、清嘉慶四年（一七九九），嘉定秦鑑刊「汗筠齋叢書本」（後改名為「蘭芬齋叢書」）。

二、清咸豐三年（一八五三），南海伍崇曜刊「粵雅堂叢書本」。

民國二十六年上海商務印書館「叢書集成」、民國五十六年藝文印書館「百部叢書集成初編」、民國五十七年廣文書局「書目續編」、民國六十七年臺灣商務印書館「人人文庫」、民國五十七年臺灣商務印書館「國學基本叢書」等所收《崇文總目》，皆據「粵雅堂叢書本」重印。

三、清光緒八年（一八八二），常熟鮑廷爵刊「後知不足齋叢書本」。

民國五十八年華文出版社據「後知不足齋叢書」影印。

第五章 《崇文總目》之分類與體制

　　傳統學術的知識形態，是從古代圖書分類體系中表現出來的。所謂「類例」，即是現今昔稱的圖書分類，古代或名「種別」。如《漢書‧劉歆傳》所云：「歆乃集六藝群書，種別為《七略》。」[1]一名為「部目」，例如《隋書‧經籍志》大序論《七錄》所言：「其分部題目，頗有次序。」[2]類例一辭，始見載於《隋書‧許善心傳》云：

　　　　善心效阮孝緒《七錄》，更製《七林》，各為總序，冠於篇首。又於部錄於下，明作者之意，區分其類例焉。[3]

　　《隋書》所謂的類例，有若王儉《七志》的條例，唐人所謂的小序，指條敘區類的義例，尚非指圖書的分類。而以「類例」一辭比喻圖書的分類，大概起於宋初。據《冊府元龜》卷六○八〈學校部‧目錄〉序云：

[1]　（漢）班固撰、（唐）顏師古注，《漢書》卷三十六〈劉歆傳〉（臺北市：宏業，民國六十一年六月），頁四九九。

[2]　（唐）長孫無忌、魏徵等纂修，《隋書‧經籍志》總敘（收入《中國歷代藝文志》，臺北市：遠東圖書，民國四十五年十一月），頁五五。

[3]　（唐）長孫無忌、魏徵等纂修，《隋書》卷五十八〈列傳〉第三十三〈許善心傳〉（臺北市：鼎文，民國六十四年三月），頁一四二七。

　　學者斯勤，述者彌眾，廣搜並購，既顯於好文，強學專
門，頗患於寡要。故前之達者，分其例類，使有條不紊，求
者可以俯觀也。[4]

自後「類例」成為一個專門名詞，而相率沿用，但並不是它原始
的意義了。

　　中國自古以來的圖書編目，首重類例，因為典籍眾多，倘若
不能群分類聚，則無法見其學術系統，也無以貯藏檢點。（宋）
鄭樵在《通志‧校讎略》中云：

　　學之不專者，為書之不明也。書之不明者，為類例之不
分也。有專門之書，則有專門之學；有專門之學，則有世守
之能。人守其學，學守其書，書守其類，人有存沒而學不息，
世有變故而書不亡。以今之書校古之書，百無一存，其故何
哉？士卒之亡者，由部伍之法不明也，書籍之亡者，由類例
之法不分也；類例分，則百家九流各有條理，雖亡而不能亡
也。[5]

---

[4] （宋）王欽若等撰，《冊府元龜》卷六〇八，〈學校部‧目錄〉（收入《景印
文淵閣四庫全書》第九一二冊，臺北市：臺灣商務，民國七十二年），頁六三
二。

[5] （宋）鄭樵撰，《通志》卷七十一，〈校讎略第一〉〈編次必謹類例論〉（收
入《景印文淵閣四庫全書》第三七四冊，臺北市：臺灣商務，民國七十二年），
頁四八〇。

鄭樵將圖書分類和辨章學術，考鏡源流聯繫起來，並從學術發展
的觀點上也將專門之書，專門之學和專門之人聯繫起來。又比喻
說：

　　十二野者，所以分天之綱，即十二野不可以明天；九州
者，所以分地之紀，即九州不可以明地；《七略》者，所以
分書之次，即《七略》不可以明書。欲明天者，在於明推步；
欲明地者，在於明遠邇；欲明書者，在於明類例。噫！類例
不明，圖書失紀，有自來矣。[6]

換言之，要了解天上星辰，要先了解推步之法。要了解地理區劃，
在要先知道其遠近距離。要知曉《七略》所著錄書的內容，先要
懂得它分類的方法。雖說類例對於學術與圖書甚為重要，但是類
例條別，豈是一件容易的事？

　　中國自漢以來，對於圖書的分類，層見迭出，都是想補偏救
敝，然迄今猶議者紛紛，仍無定論。按圖書的分類，不外崇「質」
與依「體」兩個標準。「質」亦稱曰「義」，即是書的內容；「體」
者，則是書的體裁。分類崇「質」者，以書的內容為主，重學術
的源流，存專門世守之業；依「體」者，惟按書的體裁為分類標
準，而漠視其內容，故不免流於牽湊籠統，所以甚為後世的目錄
學家譏評。清代章學誠曾批評說：

---

[6]　同上註，頁四八〇～四八一。

六典亡而為《七略》，《七略》亡而為四部……唐人四
部之書，乃為後世著錄不祧之成法，而天下學術益紛然無復
綱紀矣。蓋《七略》承六典之敝，而知存六典之遺法；四部
承《七略》之敝，而不知存《七略》之遺法。是《七略》能
以部次治書籍，而四部不能不以書籍亂部次也。[7]

章氏並特別強調分類部次的要義，在於辨章學術、考鏡源流。他
又說：

校讎之義，蓋自劉向、歆父子部次條別，將以辨章學術、
考鏡源流，非深明於道術精微，群言得失之故者，不足與此。
後世部次甲乙，紀錄經史者，代有其人。而求能推闡大義，
條別學術異同，使人由委溯源，以想見於墳典之初者，千百
之中，不十一焉。[8]

自理論上而言，圖書分類是應重視學術源流，這樣的目錄才
能指導讀者治學涉徑，即類求書，因書究學。然而也不能不注意
圖書的特性，因為學與書究竟有所不同，學術萬端，各有其源，
不會兼包。類例之道，在於學術系統之明晰，門類範圍之賅括，

---

[7] （清）章學誠撰，《文史通義》卷六〈和州志藝文書序例〉（收入《粵雅堂叢
書》第五集，臺北市：臺灣華文，民國五十四年五月），頁二三二七。

[8] （清）章學誠撰，《校讎通義》敘（收入《粵雅堂叢書》第五集，臺北市：臺
灣華文，民國五十四年五月），頁二四一三。

其要點有三：一曰條理宜分明；二曰類目宜詳悉；三曰部次宜有
法則。學術的源流，固然可以考察，然而並不是類例的責任，而
是目錄體制中小序及敘錄的功能。

　　中國歷代的目錄學家，昧於辨章學術、考鏡源流係小序及敘
錄所具有的功能的道理，而想從類例來達到其理想，適徒增加困
難紛擾。鄭樵曾說：

　　　　類例既分，學術自明，以其先後本末具在。觀圖譜者，
　　可以知圖譜之所始，觀名數者，可以知名數之相承。讖緯之
　　學，盛於東都；音韻之學，傳於江左。傳注起於漢魏，義疏
　　盛於隋唐。觀其書，可以知其學之源流。[9]

他的「類例既分，學術自明」之說法，自理論上而言，固然並無
不通。但是有一先決條件，必須將各門類的圖書，從古迄今，無
論存佚，全部予以著錄，才能表現各門類學術的淵源流變。

　　劉氏向、歆父子的《別錄》、《七略》，為後世編著目錄者
所取法，故評論目錄書的優劣，不能不以《別錄》、《七略》作
為衡量的標準。綜括《別錄》、《七略》著作的體例，主要有三
項：一曰篇目，是概括一書的本末；二曰敘錄，是考述作者的行
事、與論析一書的大旨及得失；三曰小序，是敘述一家一派的學
術源流。所以，這幾種體制，其作用即是章學誠所謂的「辨章學

9　同註 5，頁四八二。

術、考鏡源流」。後代的目錄書，無論其內容或詳或略，或損或益，大抵不出這三個範圍。

自從雕版印刷普及後，宋以來的目錄書中間有記載版本的。而清乾、嘉以來，版本之學興盛，各家藏書目錄的編撰，大多詳記版刻的源流，則所以考版本的源流異同。這種體例雖然屬於後起，但已為近世研治目錄學者奉為圭臬。以上四項體制，如有不備，則目錄的功用不全。

自《別錄》、《七略》、《漢志》以降，目錄的體制有若干種，各有其優點。研治學術的方法，貴在能變通，並不是一成不變，亙古常新的，能通悉古今，而開創新例。

第一節　《崇文總目》之分類及其特色

我國最早的分類法是漢代劉向、劉歆等根據當時國家藏書編成的第一部綜合性分類目錄《七略》，主要是依照其內容性質區分，其中輯略乃條別學術之源流，係總序，其餘六略（六藝略、諸子略、詩賦略、兵書略、術數略、方技略）為六大類，略下再分為三十八小類，茲據《漢書·藝文志》列其六略類次為：

六藝略：易、書、詩、禮、樂、春秋、論語、孝經、小學九類。

諸子略：儒家、道家、陰陽家、法家、名家、墨家、縱橫家、雜家、農家、小說家十類。

詩賦略：賦甲（屈原賦等二十家）、賦乙（陸賈賦等二十一

家）、賦丙（孫卿賦等二十五家）、雜賦、歌詩五類

　　兵書略：權謀、形勢、陰陽、技巧四類。

　　術數略：天文、曆譜、五行、蓍龜、雜占、形法六類。

　　方技略：醫經、經方、房中、神仙四類。[10]

這一分類體系是與校書時的分工與各書籍篇卷的多寡有密切相關，其大綱細目，條理井然，新創有系統的圖書分類法，不能不推為目錄學之初祖。

　　隨著中國目錄事業的進一步發展，到了魏晉南北朝時期，目錄事業與學術文化發展的關係日益密切。這一時期在學術上、文化上的特點，使歷史書籍增多，佛經大量翻譯，文學受到重視，文學總集和別集的出現等；這些特點在圖書目錄類例上必然有所反映。於是在書目類例上開始出現了四分法。此後，南朝齊王儉編之《七志》、梁阮孝緒編之《七錄》都沿用《七略》，併略加以改進。

　　三國魏鄭默編文獻目錄《中經》及荀勗據《中經》改編為《中經新簿》，始將分類體系改為甲、乙、丙、丁四部，據《隋書‧經籍志》序記載，荀勗所著《中經新簿》，總括群書，變《七略》之體，分為甲乙丙丁四部：

　　甲部：紀六藝及小學等書。

　　乙部：有古諸子家、近世子家、兵書、兵家、數術。

　　丙部：有史記、舊事、皇覽簿、雜事。

---

[10] （漢）班固撰、（唐）顏師古注，《漢書‧藝文志》敘（收入《中國歷代藝文志》，臺北市：遠東圖書，民國四十五年十一月），頁一。

丁部：有詩賦、圖贊、汲冢書。[11]

據錢大昕《元史·藝文志》序云：

> 晉荀勖撰《中經簿》，始分甲乙丙丁，而子猶先於史。
> 至李充為著作郎，重分四部，五經為甲部，史記為乙部，諸
> 子為丙部，詩賦為丁部。而經史子集之次始定。[12]

晉代李充又將五經作為甲部、史部作為乙部、諸子作為丙部、詩
賦作為丁部，奠定了四部分類體系的基礎。

唐初魏徵等編纂《隋書·經籍志》時，將甲、乙、丙、丁四
部定為經、史、子、集，此外又另附道經、佛經。

《隋書·經籍志》以後的官修目錄、史志目錄及私人編撰的
目錄，大多也因襲經、史、子、集四分法，如晁公武《郡齋讀書
志》、尤袤《遂初堂書目》、馬端臨《文獻通考·經籍考》、高
儒《百川書志》等。此後，中國各代藏書樓在編製目錄或排列圖
書時大多是沿用此法。

宋仁宗景祐元年（一○三四）編《崇文總目》時，將崇文院
之藏書加以整理，並校正條目、分類編目，沿襲四部分類法，將
圖書分為四部（經、史、子、集）四十六類，此目為宋代最完備
的國家藏書目錄。清乾隆三十二年（一七七三）編《四庫全書》

---

[11] 同註 2。

[12] （清）錢大昕撰，《元史·藝文志》敍（收入《中國歷代藝文志》，臺北市：
遠東圖書，民國四十五年十一月），頁四九九。

時，更加完善了四部分類法的體系，在經、史、子、集四部之下，分為四十四類、六十九小類。

　　縱觀歷代書目類例史，不論是四分法或是七分法，都可以看出在書目分類中突出的是經書，始置於首位。四部分類之所以將經部列為首位，正如《隋書・經籍志》所言：

　　　夫經籍也者，機神之妙旨，聖哲之能事，所以經天地，緯陰陽，正紀綱，弘道德，顯仁足以利物，藏用足以獨善，學之者將殖焉，不學者將落焉。[13]

四部書的分類，各有其社會功能：

　　　夫仁、義、禮、智（指經部），所以治國也；方技、數術（指史部），所以治身也；諸子（指子部）為經籍之鼓吹；文章（指集部）乃政化之黼黻，皆為治之具也。[14]

充分說明了四部分類的目的。

　　其次，還可以看出，中國分類目錄中的類目，並不是一成不變的。它是隨著各個朝代的政治需要和圖書數量的增減而不斷變化。類目的設置根據當時統治階層的政治需要和圖書的多寡來決定的。在宋代，朱熹為《禮記》中的《大學》、《中庸》和《論

---

[13]　同註 2。

[14]　同註 2。

語》、《孟子》作了注釋,稱為《四書集注》。從此,經學中出現了《四書》的名稱。顯然,在經部的類目中就要增加相應的類目。因此,在《明史‧藝文志》、《四庫全書總目提要》等目錄中的經部,都增添了四書類。

在歷代的書目類例史中,還可發現事物的另一面,即書目類例中的一些基本類目,則是相對穩定的,因為它們都是以儒家思想為指導的書目分類之主要方法及學術文化的反映。雖然某些類目隨著各個朝代圖書的增減略有變化,但基本類目是相當穩定的。

在慶曆元年編成的《崇文總目》,其分類明析,編目清楚,序釋完備,這和以下幾點有很大的關係:

第一、和編纂者有密切的關係。據《玉海》、《郡齋讀書志》、《直齋書錄解題》等云:《崇文總目》由王堯臣、聶冠卿、郭稹、呂公緯、王洙、歐陽修等撰修成。而他們都在朝廷中擔任館職,如王堯臣是翰林學士兼龍圖閣學士;郭稹是尚書兵部員外郎、知制誥;呂公緯是太常博士、直集賢院;歐陽修是館閣校勘。因此,他們有能力承擔這部類有小序、書有提要的編寫工作。

第二、分工細緻。做每項工作都設有專職之官員負責,並且大部份都是長期從事這項工作者,皆具有豐富的經驗。如《崇文總目》的校勘官員是張觀、李淑、宋祁等人專任。據《玉海》卷五二記載,他們在景德元年(一○○四)已經擔任了三館秘閣圖書的校勘工作,至景祐元年(一○三四)已有三十年,可謂任職久也。[15]但許

---

15 (宋)王應麟撰,《玉海》卷五二(收入《景印文淵閣四庫全書》第九四四冊,臺北市:臺灣商務,民國七十二年),頁四一二。

多人對《崇文總目》的質量，以眾手為之為理由，加以否定，其實是不對的。像這樣既分工又合作的眾手編製的書目，比那些一人編的書目要強得多。

　　第三、目錄學研究的不斷深入，圖書分類的不斷改進，特別是《隋書・經籍志》之經、史、子、集四部分類法的確立，給予《崇文總目》帶來了深遠的影響，亦為《崇文總目》圖書分類編目義例的形成，提供了理論基礎。

　　《崇文總目》是宋代有解題的第一部官修目錄，由於種種原因，僅至元代即已殘缺，但它至今還沒有完全遺失，這要歸功於范氏天一閣的收藏、朱彝尊的傳抄、《永樂大典》的採錄、《四庫全書》的輯佚，尤其是錢東垣等人的輯釋。

　　現就以錢東垣所輯釋的《崇文總目》五卷及其他史料，對它的分類編目、敘錄、小序等進行探討。

　　分類編目是我國古代書目著作的主要形式。自古至今所編撰的目錄都非常重視分類，歷來也有許多目錄學家研究它，可說是目錄學研究的一個重要組成部分，圖書分類是否正確、合理、詳盡，會直接影響到圖書的存亡和利用。宋鄭樵在其著作《通志》卷七一〈校讎略第一〉中的〈編次必謹類例論〉，充分說明圖書分類的重要性。

　　《崇文總目》編撰時，是處在四部分類法的發展階段，分類理論已比較完善。由此，為《崇文總目》分類體例的形成，提供了理論依據。依輯本列其類目設置情形如下：

　　經部：易、書、詩、禮、樂、春秋、孝經、論語、小學九類。

　　史部：正史、編年、實錄、雜史、偽史、職官、儀注、刑法、

地理、氏族、歲時、傳記、目錄十三類。

　　子部：儒家、道家、法家、名家、墨家、縱橫家、雜家、農家、小說家、兵書、類書、算術、道書、醫書、卜筮、天文占書、曆書、五行、釋書、藝術二十類。

　　集部：別集、總集、文史三類。

　　與《古今書錄》或《舊唐書‧經籍志》類數同，而類目則略有損益。

　　《崇文總目》摒除了以前分類一直獨立一類的經部〈讖緯類〉，因為此類書入宋已不存；所以併〈詁訓〉於〈小學〉，不另立〈經解〉。如《易緯》入〈易類〉；經解類書併入〈論語類〉，如《白虎通德論》、《五經鉤沉》等是；詁訓類書併入〈小學類〉，如《爾雅》、《廣雅》等是。《崇文總目》刪之有理，使經部收書範圍更穩定，含義更清楚。

　　史部不用〈霸史〉名稱而恢復〈偽史類〉，其主要收錄五代十國的史書。歐陽修在敘釋（小序）中說：

　　　　歷考前世，僭竊之邦，雖因時苟偷，自彊一方，然卒歸於禍拜。故錄於篇，以為賊亂之戒云。[16]

這是用封建正統的眼光，總結五代之亂，譴責僭亂的緣故。

　　《崇文總目》新增設了〈實錄類〉和〈歲時類〉；原〈起居

---

[16] （宋）歐陽修撰，《歐陽修全集》之〈崇文總目敘釋〉〈偽史類〉（臺北市：世界，民國五十年一月），頁一〇〇〇～一〇〇一。

注類〉改為〈實錄類〉；〈雜傳類〉改為〈傳記類〉。並改〈譜系類〉為〈氏族類〉；並且省去〈故事類〉，遂將原屬於這類的典籍，併入〈職官〉、〈雜史〉、〈傳記〉三類中，如《史館故事》入〈職官類〉、《漢武故事》入〈雜史類〉、《魏文正故事》入〈傳記〉類。使史部分得更專更細，更能適應當時圖書數量劇增的分類需要。

　　鄭樵在《通志・校讎略》中特立〈崇文明於兩類論〉一篇說：雜史一類，《隋書・經籍志》和《新唐書・藝文志》都極為紊亂，而《崇文總目》雖不標別，然分上、下兩卷，即為二家，甚有條理。[17]

　　子部改〈兵書類〉為〈兵家類〉；〈天文類〉為〈天文占書類〉；增改〈曆算類〉為〈曆數〉、〈算術〉二類；增改〈五行類〉為〈五行〉、〈卜筮〉二類；併省〈經脈〉、〈醫術〉二類為〈醫書〉一類，另將《隋書・經籍志》作為附錄、而《唐書・藝文志》附於道家的釋、道之書，各分為一類，使釋書、道書得到應有的地位。特別是道書，不僅著錄多，而且分類細密。鄭樵在《通志・校讎略》中特立〈崇文明於兩類論〉一篇說：

　　　　《崇文總目》，眾手為之，其間有兩類，極有條理。古人不及。後來無以復加也。道書一類有九節，九節相屬而無

---

[17]　（宋）鄭樵撰，《通志》卷七十一，〈校讎略第一〉〈崇文明於兩類論〉條，頁四八九。

雜揉。[18]

這是《隋書‧經籍志》和《新唐書‧藝文志》所不及的。

《崇文總目》還將《七略》〈術數類〉的〈天文〉、〈曆譜〉二種併為一類〈五行〉、〈蓍龜〉、〈雜占〉、〈刑法〉四種；合併為〈五行類〉和〈卜筮類〉；將《七略》〈雜藝類〉改為〈藝術類〉；它還將類書獨立於子部。這種分類使子部分類更恰切，更正確，更能符合當時圖書分類的需求，這樣的分類也給予後來的圖書分類，帶來了很大的影響。

集部仍為三類，但性質不同，併〈楚辭類〉入〈總集類〉。《崇文總目》在集部新增設了〈文史類〉，它著錄《詩品》、《文心雕龍》、《文旨》、《賦訣》等有關文學理論、技巧、批評、歷史等方面的著作，解決了以前書目對文學理論著作難於分類的困難，改正了以前書目將文學理論著作錯分他類的不合理現象。

以上各類的併省增益，都是比較合理且具有進步意義。所以，有些類別如〈文史〉、〈醫書〉、〈釋書〉等，以後長期成為官私目錄著作的定型。尤其根據實際情況，道經、佛經自〈道家類〉中抽出，另增兩類，大量著錄道、佛兩教的經典（道教更多）。雖然勉強將這兩類屬於子部，也還是比較適宜的。

《崇文總目》之成書較《新唐書》早，因此，《崇文總目》之分類，當是參考《舊唐書‧經籍志》而有所增損改易，現將增

---

[18] 同上註，頁四八九。

損改易之情形，略作比較分述如下：

一、經部方面：省〈經解〉、〈詁訓〉二類。

史部方面：省〈故事類〉，而增〈歲時類〉。

子部方面：析〈曆算類〉為〈曆數〉、〈算術〉二類；析〈五行類〉為〈五行〉、〈卜筮〉二類；合〈經脈類〉、〈醫術類〉為〈醫書類〉；後增〈道書類〉及〈釋書類〉。

集部方面：〈楚辭〉併入〈總集類〉，另增〈文史類〉。

二、易名部份：

史部方面：易〈起居注類〉為〈實錄類〉；易〈雜傳類〉為〈傳記類〉，易〈譜系類〉為〈氏族類〉。

子部方面：易〈兵書類〉為〈兵家類〉，易〈天文類〉為〈天文占書類〉。

總之，《崇文總目》之分類，有下列特色：

一、史部設立〈歲時類〉，其他官私書目頗不多見。並著錄圖書十五部、四十二卷。據類後小序云：

> 周禮六官，亦因天地四時，分其典則，然則天時者，聖人之所重也。自夏有小正，周公始作時訓、日星、氣節、七十二候，凡國家之政，生民之業，皆取則焉。孔子曰：「吾不如老圃。」至於山翁野夫，耕桑樹藝，四時之說，其可遺哉！[19]

---

[19] （宋）歐陽修撰，《歐陽修全集》之〈崇文總目敘釋〉〈歲時類〉，頁一〇〇二。

　　一方面反映自古以農為本的思想，另一方面也反映宋初的重農政策。

　　二、子部成立〈道書類〉與〈釋書類〉，一方面俾佛、道二家之書有所歸屬，另一方面也反映北宋帝王崇尚提倡道、佛二教之現象。

　　三、集部設〈文史類〉，收錄文學批評及文學理論之著作，反映宋代崇尚文學評論之風氣，亦為後世書目所傚效。

　　《崇文總目》除了上述特色之外，各家對《崇文總目》個別書籍分類的不當，加以糾正的頗不少。黃伯思《東觀餘論》卷下〈校正《崇文總目》十七條〉中載：[20]

　　（一）〈史部‧雜史類上〉載《高氏小史》一百十卷，高峻及子迥撰。按《高氏小史》名峻一作峧。

　　（二）〈史部‧地理類〉載《山海經》十八卷，原釋：「郭璞注、侍中秀領校。」按《山海經》侍中秀領，即劉歆也。

　　（三）〈子部‧天文占數類〉載《丹元子步天歌》一卷，王希明撰。按此但記列星所在，并其象數，使人易識耳，非占說也。

　　（四）〈子部‧道書類一〉載《太上黃庭內景玉經》一卷。按《黃庭經》此特梁丘子注爾。

　　（五）〈子部‧道書類一〉載《五等朝儀》一卷，原釋：「張萬福撰，不詳何代人。」按張萬福，唐人，有傳。

---

[20] （宋）黃伯思撰，《東觀餘論》卷下〈校正《崇文總目》十七條〉（收入《景印文淵閣四庫全書》第八五〇冊，臺北市：臺灣商務，民國七十二年），頁三七八～三七九。

　　（六）〈子部・道書類一〉載《步虛洞章》一卷，原釋：「陸修靜撰，不詳何代人。」按修靜，東晉道士，隱廬山。

　　（七）〈子部・道書類二〉載《葛仙翁敘》一卷，原釋：「葛洪。」按《葛仙翁敘》作《葛仙公序》；葛洪，此恐是葛玄。

　　（八）〈子部・道書類二〉載《元綱論》一卷。按此前已有所謂《真綱論》一卷，即此蓋避聖祖名。

　　（九）〈子部・道書類九〉載《茅三君內傳》一卷。原釋：「唐李遵撰。」按李遵非唐人。

　　（十）〈子部・釋書類中〉載《德山集》一卷。原釋：「不詳何人。」按德山在朗州，即宣鑒禪師，乃唐僖宗朝人。此云不知何人，疏謬如此。

　　（十一）〈子部・釋書類下〉載《破胡集》一卷。原釋：「釋氏興于西域，自漢末始流于中國。」按非漢末始流于中國。

　　（十二）〈集部・總集類上〉載《文選》六十卷，梁太子統編。原釋：「唐李善因五臣而自為注。」按李善注在五臣注之前，李善注在唐高宗顯慶時，而五臣注則在玄宗開元時，可見原釋是錯誤的。

　　（十三）〈集部・總集類下〉載《中書省試詠題詩》一卷。按若集中純載詩，即不可謂之詩筆。

　　（十四）〈集部・別集類二〉載《丹陽集》一卷。按《丹陽集》已見總集，此重出。

　　（十五）〈集部・別集類二〉載《酈元集》一卷。按《酈炎集》當在前。

　　（十六）〈集部・別集類五〉載《來鵬詩集》一卷。按蔡融

來朋，皆唐人，見《丹陽集》。

（十七）〈集部・別集類六〉載《質論》一卷，徐鉉撰。按李後主與徐鉉書云為爾，於《質論》前，作得一小序，子即此論也。

這些都是《崇文總目》疏漏的地方。

焦竑《國史經籍志》所附〈糾繆〉一卷，其中《崇文總目》部分，論說著錄二十四組，百餘種書分類之缺失：[21]

（一）〈經部・禮類〉載《江都集禮》一百四卷、《開元禮京兆義羅》十卷、《開元禮類釋》二十卷、《開元禮》一百五十卷、《開元禮義鑒》一百卷、《開元禮百問》二卷、《開寶通禮》二百卷等七種，按入禮經非，附儀注。

（二）〈經部・論語類〉載《白虎通德論》十卷、《五經鉤沈》五卷、《刊謬正俗》八卷、《經史釋題》二卷、《九經餘義》一百卷、《演聖通論》三十六卷等六種，按入論語非，附經解。

（三）〈史部・雜史類上〉載《南史》八十卷、《北史》一百卷等二種，按入雜史非，改通史。

（四）〈史部・傳記類上〉載《成都理亂記》八卷、《北荒君長錄》三卷、《嵩岳記》一卷、《零陵錄》一卷、《吳興雜錄》七卷、《鄴城新記》三卷、《蜀記》三卷等七種，按入傳記非，改地理。

（五）〈史部・傳記類下〉載《三楚新錄》三卷，按入傳記

---

[21] （明）焦竑撰，《國史經籍志》附錄（收入《粵雅堂叢書》第五集，臺北市：臺灣華文，民國五十四年五月），頁二一六七～二一六八。

非，改霸史。

（六）〈史部・傳記類下〉載《中台志》十卷、《宰輔明鑒》十卷、《選舉志》十卷、《翰林盛事》一卷等四種，按入傳記非，改職官。

（七）〈史部・傳記類下〉載《王氏東南行記》一卷、《入洛記》十卷、《王仁裕南行記》一卷、《李昉南行記》一卷、《張氏燕吳行役記》一卷、《蜀程記》一卷、《峽程記》一卷等七種，按入傳記非，改地理。

（八）〈史部・傳記類下〉載《桂苑叢談》一卷、《三水小牘》二卷、《松窗錄》一卷等三種，按入傳記非，改小說。

（九）〈史部・傳記類下〉載《玉璽正錄》一卷、《秦傳玉璽譜》一卷、《玉璽雜記》一卷等三種，按入傳記非，附儀注。

（十）〈子部・雜家類〉載《兩同書》二卷，按入雜家、小說兩出。

（十一）〈子部・小說類上〉載《續論衡》三十卷，按入小說非，改雜家。

（十二）〈子部・小說類上〉載《顏氏家訓》七卷、《家範》一卷、《開元御集戒子書》一卷、《六誡》一卷、《盧公家範》一卷、《誡子拾遺》四卷、《家學要錄》二卷、《先賢誡子書》二卷、《古今家誡》一卷、《誡文書》一卷、《家誡》一卷等十一種，按入小說非，改儒家。

（十三）〈子部・小說類下〉載《嶺南異物志》一卷、《嶺表錄異》三卷、《瀟湘錄》十卷、《洛中記異》十卷、《海潮記》一卷等五種，按入小說非，改地理。

　　（十四）〈子部·小說類下〉載《古今鼎錄》一卷、《古今刀劍錄》一卷、《銅劍讚》一卷、《古鑒記》一卷、《欹器圖》一卷、《錢譜》一卷等五種，按入小說非，改食貨。

　　（十五）〈子部·類書上〉載《通典》二百卷、《會要》三十卷等二種，按係典制書，入類家非。

　　（十六）〈子部·類書類上〉載《蒙求》三卷、《續蒙求》三卷、《唐蒙求》三卷、《蒙求》二十卷、《系蒙》十卷、《群書系蒙》三卷等六種，按係小學書，入類書非。

　　（十七）〈子部·類書類下〉載《輶車事類》三卷，按入類書非，改傳記聘使。

　　（十八）〈子部·類書類下〉載《歲時廣記》一百二十卷，按入類書非，改時令。

　　（十九）〈子部·道書類二〉載《淨土論》一卷，按入道書非，改釋書。

　　（二十）〈子部·道書類八〉載《嘯旨》一卷，按入道書非。

　　（二十一）〈子部·醫書類五〉載《通元秘錄》三卷，按入醫書非，改道書。

　　（二十二）〈子部·天文占書類〉載《丹元子步天歌》一卷，按入占書非。

　　（二十三）〈子部·道書類二〉載《元綱論》一卷，按即前《真綱論》一卷兩出。

　　（二十四）〈集部·總集類上〉載《文選》六十卷，原釋：「唐李善因五臣而自為注。」按《文選》李善注在五臣前，云因五臣而作，非。

　　此雖不足以與鄭樵、章學誠相比，然在目錄學的衰世，則屬
難能。

　　鄭樵在《通志‧校讎略》〈編次失書論〉中批評云：

　　　　書之易亡，亦由校讎之人失職故也。蓋編次之時，失其
　　名帙，名帙既失，書安得不亡也。按《唐志》於天文類有星
　　書，無日月風雲氣候之書。豈有唐朝而無風雲氣候之書乎？
　　編次之時失之矣。按《崇文目》有風雲氣候書，無日月之書，
　　豈有宋朝而無日月之書乎？編次之時失之矣。[22]

又云：「婚書極多，《唐志》只有一部，《崇文》只有一卷而已。」
[23]在〈編次不明論〉中云：

　　　　《唐志》別出〈明堂經脈〉一條，而《崇文總目》合為
　　醫書。據明堂一類，亦有數家，以為一條，已自疏矣，況合
　　于醫書，而其類又不相附，可乎？[24]

又云：「《唐志》以〈選舉志〉入職官類，是。《崇文總目》以

---

[22]　（宋）鄭樵撰，《通志》卷七十一，〈校讎略第一〉〈編次失書論〉條，頁四
　　八四。

[23]　同上註。

[24]　（宋）鄭樵撰，《通志》卷七十一，〈校讎略第一〉〈編次不明論〉條，頁四
　　九三。

〈選舉志〉入傳記，非。」[25]

在〈見名不見書論〉云：

> 顏師古作《刊謬正俗》（「刊謬」應作「匡謬」，此避
> 宋太祖諱改）乃雜記經史，惟第一篇說《論語》，而《崇文
> 目》以為〈論語類〉，此之謂「看前不看後」。應知《崇文》
> 所釋，不看全書，多只看帙前數行，率意以釋之耳。按《刊
> 謬正俗》當入經解類。[26]

總之，《崇文總目》錯亂的地方較多，主要原因是出於眾人
之手的緣故。

雖然如此，《崇文總目》的分類也有它的獨到之處，它比以
前任何一部以四部分類的書目都前進了一步。它是四部分類法在
宋代得到進一步發展的體現。它的分類體系帶給後來圖書分類的
改進，特別是鄭樵之圖書分類理論的形式，帶來很大的影響。

---

[25] 同上註。

[26] （宋）鄭樵撰，《通志》卷七十一，〈校讎略第一〉〈見名不見書論〉條，頁
四八四。

第二節 《崇文總目》與《漢書・藝文志》、《隋書・經籍志》、《舊唐書・經籍志》、《新唐書・藝文志》分類之比較

　　凡言目錄者，莫不以《隋書・經籍志》為四部目錄不祧之祖。在中國目錄學史上最受注意者，以其確立以經、史、子、集為四部名稱之圖書四部分類法。在與《崇文總目》分類相互比較之前，先將《漢書・藝文志》、《隋書・經籍志》、《舊唐書・經籍志》作一介紹，以期了解編纂及分類情形。

　　東漢一代的目錄學成就，集中表現在班固的《漢書・藝文志》上。他繼承發展了劉向、歆父子目錄學事業。

　　《漢書・藝文志》（漢）班固撰，其志係刪《七略》而成，據《漢書・藝文志》序說：「歆於是總群書而奏其《七略》。……刪其要，以備篇籍。」[27]今《七略》既不傳，則《漢書・藝文志》成為我國現存最古最完整之目錄。

　　《漢書・藝文志》雖言七略，分為〈輯略〉、〈六藝略〉、〈諸子略〉、〈詩賦略〉、〈兵書略〉、〈數術略〉、〈方技略〉等，凡七類；其實僅分六略，所謂〈輯略〉，乃六略之總序及總目。然則七略雖名為七，其實不過分六類。《漢書・藝文志》仍其舊，亦分六類，其系統見前一節。

　　班固因《七略》修《漢書・藝文志》，他對《七略》有些什

---

[27] 同註 10。

麼變動。

第一、班固將〈輯略〉拆散，按類編排。將〈輯略〉中總序置於全書之前，大序置於每一大類的最後，小序置於每一小類之後。

第二、將《七略》中各書的解題簡化為小注，附於書目之下，作為對書目必要的說明。

第三、對《七略》原有書目、篇章如有出入的變動，必定要注明。

班固修《漢書》，以劉歆《七略》為藍本，採取刪除其要的辦法，編成《漢書‧藝文志》。《漢書‧藝文志》反映了西漢一代藏書之盛，體現了先秦至西漢各種學術的流別原委及典籍著錄，是西漢一代學術文化的縮影。

後來《七略》佚失了，而《漢書‧藝文志》卻因《漢書》而流傳下來，《七略》借《漢書》而保流了基本面貌，《漢書‧藝文志》成為我國現存最早的一部綜合性圖書目錄。

《隋書‧經籍志》是我國現存第二部最古的史志目錄，完整地反映了我國中古時期文化典籍情況，繼承發展了《漢書‧藝文志》的優良傳統，在分類和著錄方面都有新的創造，確立了四分法的體制，對後世產生了重大的影響。

《隋書》八十五卷，唐魏徵等撰，〈經籍志〉在其卷三十二至卷三十五。《隋書‧經籍志》係唐太宗貞觀三年（六二九），詔秘書監魏徵等修《隋書》。魏徵奏請於中書省置秘書內省，令前中書侍郎顏師古、給事中孔穎達、著作郎許敬宗等參與修撰，成〈帝紀〉五卷、〈列傳〉五十卷，於貞觀十年（六三六）奏上。

貞觀十五年（六四一），又詔左僕射于志寧、太史令李淳風、著作郎韋安仁、著作左郎敬播、符璽郎李延壽等同修梁、陳、北齊、北周、隋等五朝史《五代史志》，高宗顯慶元年（六五二）成書，太尉長孫無忌奏上。其後《五代史志》與五十五卷之《隋書》合行，《五代史志》中之〈經籍志〉，乃稱《隋書・經籍志》。[28]

　　《隋書・經籍志》將圖書區分為四部、四十類，後並附錄道、佛兩部十五類。列表於後：

　　經部十類：易、書、詩、禮、樂、春秋、孝經、論語、緯書、小學。

　　史部十三類：正史、古史、雜史、霸史、起居注、舊事、職官、儀注、刑法、雜傳、地理、譜系、簿錄。

　　子部十四類：儒、道、法、名、墨、縱橫、雜、農、小說、兵、天文、曆數、五行、醫方。

　　集部三類：楚辭、別集、總集。

　　附錄：

　　道經四類：經戒、服餌、房中、符籙。

　　佛經十一類：大乘經、小乘經、雜經、雜疑經、大乘律、小乘律、雜律、大乘論、小乘論、雜論、記。

　　共計五十五類，凡著錄四部書及道、佛經典六千五百二十部、五萬六千八百八十一卷。[29]故雖號稱四部分類，實際分為六部，

28　高路明著，《古籍目錄與中國古代學術研究》（南京：江蘇古籍，一九九七年十月），頁八四。

29　昌彼得、潘美月著，《中國目錄學》（臺北市：文史哲，民國七十五年九月），頁一三六～一三七。

不過道、佛兩部只載部目及總卷數,未列書目。這種將方外之經列作附錄,是仿自荀勗《中經新簿》及王儉《七志》的作法。故自表面看,《隋書‧經籍志》是承襲自晉以來的秘閣四部分類法。但其精神而言,實也兼採了阮孝緒《七錄》的優點。從《隋書‧經籍志》分類的情形來看,實可以說是四部《七錄》的綜合體。也就因為《隋書‧經籍志》四部兼容《七錄》的特點,使南北朝的目錄四七分競的局面,至唐復趨於統一。

自晉以來的四部分類都使用甲、乙、丙、丁為代名,至《隋書‧經籍志》而明標經、史、子、集為部名,在中國目錄學史上沿用了一千三百多年,迄今尚未完全消失。對於後代的目錄影響頗大。它所分的四部四十類,多為後世所沿襲,只不過略增門類,以部次新出圖書而已。它在類中再詳分學派編次法,孕育出宋代鄭樵分類例,以明學術的理論,而為明代以降的目錄所承用。

《舊唐書‧經籍志》五代劉昫撰。《舊唐書‧經籍志》序云:

> 及廣明初,黃巢干紀,再陷兩京,宮廟寺署,焚蕩殆盡,曩時遺籍,尺簡無存。及行在朝諸儒購輯,所傳無幾。昭宗即位,志弘文雅,秘書省曰:「當省元掌四部御書十二庫,共七萬餘卷。廣明之亂,一時散失。後來省司購募,尚及二萬餘卷。及先朝再幸山南,尚存一萬八千卷。竊知京城制置使孫惟晟收在本軍,……其書籍並望付,當省校其殘缺,漸令補輯,樂人乞移他所。」並從之。及遷都洛陽,又喪其半。[30]

---

[30] (後晉)劉昫撰,《舊唐書‧經籍志》總敘(收入《中國歷代藝文志》,臺北市:遠東圖書,民國四十五年十一月),頁一九九。

　　據此知唐代秘閣藏書，至唐末喪失殆盡。惟毋煚之《古今書錄》及《開元內外經錄》，倖未遭天寶、廣明之兵燹，至後唐尚存，於是史臣乃據此目纂修《舊唐書·經籍志》。《舊唐書·經籍志》序文又云：

　　　　煚等四部目及釋道目，並有小序及注撰人姓氏，卷軸繁多，今並略之，但紀篇部，以表我朝文物之大。其釋道錄目附本書，今亦不取。據開元經篇為之志。天寶已後，名公各著文章，儒者多有撰述，或記禮法之沿革，或裁國史之繁略，皆張部類，其徒實繁。臣以後出之書，在開元四部之外，不欲雜其本部。今據所聞，附撰人等傳。其諸公文集，亦見本傳，此並不錄。[31]

知《舊唐書·經籍志》乃《古今書錄》之節本。其類目如下：

　　甲部經錄：易、書、詩、禮、樂、春秋、孝經、論語、讖緯、經解、訓詁、小學十二類。

　　乙部史錄：正史、編年、偽史、雜史、起居注、故事、職官、雜傳、儀注、刑法、目錄、譜牒、地理十三類。

　　丙部子錄：儒家、道家、法家、名家、墨家、縱橫家、雜家、農家、小說、天文、曆算、兵書、五行、雜藝術、事類、經脈、醫術十七類。

---

[31] 同上註，頁一九九～二〇〇。

丁部集錄：楚辭、別集、總集三類。

因此，《舊唐書·經籍志》沒有完整的反映有唐一代藏書之盛。但是從另一方面來看，反而保留了《古今書錄》的大致面貌。《舊唐書·經籍志》刪除了《古今書錄》的小序和提要，但還保留了《古今書錄》的毋煚自序，其部類及典籍著錄一如《古今書錄》。

《新唐書》是在北宋仁宗時期編撰的。列傳部分主要由宋祁完成；本紀、志、表等部分，成於歐陽修之手。《新唐書·藝文志》係據《舊唐書·經籍志》撰成，惟《舊唐書·經籍志》既全採《古今書錄》，於玄宗以後的著作皆缺。而《新唐書·藝文志》著錄已及昭宗時，頗有增補。其分類也大體據《舊唐書·經籍志》，僅將〈訓詁類〉併入〈小學〉而少一類，其餘則改〈雜傳〉為〈雜傳記〉，〈事類〉為〈類書〉，〈經脈〉為〈明堂經脈〉。

《新唐書·藝文志》分為四部四十四類，其分類如下：

甲部經錄：易類、書類、詩類、禮類、樂類、春秋類、孝經類、論語類、讖緯類、經解類、小學類等十一類。

乙部史錄：正史類、編年類、偽史類、雜史類、起居注類、故事類、職官類、雜傳記類、儀注類、刑法類、目錄類、譜牒類、地理類等十三類。

丙部子錄：儒家類、道家類、法家類、名家類、墨家類、縱橫家類、雜家類、農家類、小說類、天文類、曆算類、兵書類、五行類、雜藝術類、類書類、明堂經脈類、醫術類等十七類。

丁部集錄：楚辭類、別集類、總集類等三類。

茲就《崇文總目》與《漢書·藝文志》、《隋書·經籍志》、

《舊唐書·經籍志》、《新唐書·藝文志》相校其異同，詳見表五。

表五：《崇文總目》與《漢書·藝文志》、《隋書·經籍志》、《舊唐書·經籍志》、《新唐書·藝文志》分類比較一覽表

目錄名稱	經部類目											
漢書·藝文志	六藝略											
	易	書	詩	禮	樂	春秋		論語	孝經		小學	
隋書·經籍志	經部											
	易	書	詩	禮	樂	春秋		論語	孝經		小學	讖緯
舊唐書·經籍志	甲部經錄											
	易	書	詩	禮	樂	春秋	經解	論語	孝經	詁訓	小學	圖緯
新唐書·藝文志	甲部經錄											
	易類	書類	詩類	禮類	樂類	春秋類	經解類	論語類	孝經類		小學類	讖緯類
崇文總目	經部											
	易類	書類	詩類	禮類	樂類	春秋類		論語類	孝經類		小學類	

《隋書·經籍志》經部分十類，《舊唐書·經籍志》分十二
類，《新唐書·藝文志》分十一類，而《崇文總目》分九類與《漢
緯係是時諸經之緯，多已亡佚，僅易緯一種存耳。是以不復
另立一類，將之附於〈易類〉中。另將《舊唐書·經籍志》的〈經
解〉入〈論語類〉；〈詁訓〉入〈小學類〉。

（續表）

目錄名稱	史部類目											
隋書·經籍志	史部											
	正史	古史	雜史	霸史	起居注	舊事	職官	儀注	刑法	雜傳	地理	譜系	簿錄
舊唐書·經籍志	乙部史錄											
	正史	古史	雜史	霸史	起居注	舊事	職官	儀注	刑法	雜傳	地理	譜系	略錄
新唐書·藝文志	乙部史錄											
	正史類	編年類	雜史類	偽史類	起居注類	故事類	職官類	儀注類	刑法類	雜傳記類	地理類	譜牒類	目錄類
崇文總目	史部											
	正史類	編年類	實錄類	雜史類	偽史類	職官類	儀注類	刑法類	地理類	氏族類	歲時類	傳記類	目錄類

　　《漢書·藝文志》是中國最早的書目,也是最早開出依附先例的書目。在漢代史學的觀念並不明確,所以史書在漢代書目中就是以依附的方式來處理的。《漢書·藝文志》中不立史部,於是《國語》、《戰國策》、《史記》等諸史書,遂〈崇質〉的依附在〈六藝略〉的春秋類中。此外,《五經雜議》、《爾雅》、《弟子職》等書附入〈孝經類〉。

　　《隋書·經籍志》、《舊唐書·經籍志》、《新唐書·藝文志》與《崇文總目》俱分史部為十三類,然略有殊異,蓋《崇文總目》無〈舊事類〉,將是類書籍併入〈雜史類〉中。同時卻又另立〈歲時類〉,而為《隋書·經籍志》、《舊唐書·經籍志》所無也。至於類名,《崇文總目》亦小有更易,如改〈古史〉為〈編年〉,改〈起居注〉為〈實錄〉,改〈雜傳〉為〈傳記〉,改〈譜系〉為〈氏族〉。

（續表）

目錄名稱	子部類目																										
漢書·藝文志	諸子略										兵書略				術數略						方技略						
	儒	道	陰陽	法	名	墨	縱橫	雜	農	小說	權謀	形勢	陰陽	技巧	天文	曆譜	五行	蓍龜	雜占	形法	醫經	經方	神仙	房中			
隋書·經籍志	子部																道德部				佛經部						
	儒	道		法	名	墨	縱橫	雜	農	小說	兵		天文	曆數	五行		醫方	經戒	餌服	符錄	房中	經	律	論	記		
舊唐書·經籍志	丙部子錄																										
	儒家	道家		法家	名家	墨家	縱橫	雜家	農家	小說	兵法		天文	曆數	五行		醫方										

目錄名稱	子部類目																						
				家		家																	
新唐書‧藝文志	丙部子錄																						
	儒家類	道家類		法家類	名家類	墨家類	縱橫家類	雜家類	農家類	小說家類	兵書類	類書類		雜藝術類	天文類	曆算類	五行類	明堂經脈類	醫書類				
崇文總目	子部																						
	儒家類	道家類		法家類	名家類	墨家類	縱橫家類	雜家類	農家類	小說家類	兵家類	類書類	算數類	道書類	醫書類	卜筮類	天文占數類	曆數類	五行類	釋書類	藝術類		

　　《隋書‧經籍志》、《舊唐書‧經籍志》分子部為十四類，《新唐書‧藝文志》分十七類，而《崇文總目》則為二十。蓋多立〈類書〉、〈算術〉、〈藝書〉、〈卜筮〉、〈道書〉、〈釋書〉六類。其中〈道書〉、〈釋書〉兩類，《隋書‧經籍志》擯之於四部之外。而〈類書〉併於〈雜家〉、〈算術〉併於〈天文〉及〈曆數〉，〈藝術〉併於〈兵類〉，〈卜筮〉併於〈天文〉及〈五行〉，皆不獨立。至於類名亦有小異，《崇文總目》改〈兵書〉為〈兵家〉，〈天文〉為〈天文占數〉、〈醫方〉為〈醫書〉。

（續表）

目錄名稱	集部類目							
漢書・藝文志	詩賦略							
	甲賦（屈原等）	乙賦（陸賈等）	丙賦（孫卿等）	雜賦	歌詩			
隋書・經籍志	集部							
	楚辭					別集	總集	
舊唐書・經籍志	丁部集錄							
	楚辭					別集	總集	
新唐書・藝文志	丁部集錄							
	楚辭類					別集類	總集類	
崇文總目	集部							
						總集類	別集類	文史類

　　《隋書・經籍志》、《舊唐書・經籍志》、《新唐書・藝文志》與《崇文總目》均分集部為三類，然《隋書・經籍志》、《舊唐書・經籍志》、《新唐書・藝文志》有〈楚辭類〉，而《崇文總目》併於〈總集類〉中；《崇文總目》有〈文史類〉，而《隋書・經籍志》、《舊唐書・經籍志》、《新唐書・藝文志》又併於〈總集類〉中；是其異也。

　　因之，由於時代的不同，學術的興衰發生了變化，有些圖籍亡佚或出現，使得圖書的分類也隨著產生變化，但是，四部分類法仍因襲至今，仍然未變。

第三節　《崇文總目》之體制

　　《崇文總目》在編目上也有其特殊性。編目就是編製圖書之綱目，揭示圖書的概貌和源流。《漢書·藝文志》中云：「劉向校書，每一書已，向輒條其篇目，撮其旨意。」[32]阮孝緒《七錄》序云：「昔劉向校書，輒為一錄。論其指歸，辨其訛謬。」[33]

　　所謂「條其篇目」，就是著錄篇目，以防散佚，指導讀者。「撮其旨意」乃概論作者著書之宗旨及書之大意。「論其指歸」、「辨其訛謬」，乃論作者學術淵源及該書得失。

　　因此，宋代在編撰《崇文總目》時，總結了前人編目的經驗，克服了《七錄》、《漢書·藝文志》繁瑣雜亂的編目方式，制訂了編目的體例，使《崇文總目》之編製，進一步達到完善的地步。

　　敘錄，又稱「解題」，有的也稱「釋」，自《四庫全書總目》後就開始稱為「提要」，直到今日。所謂「解題」就是簡明扼要說明文獻內容的文字，目的在於向讀者揭示圖書的中心思想、內容概貌、作者生平、文獻價值等。不同的書目有不同的解題，而解題也是我國古代目錄的優良傳統之一，其體制大致有三種：

　　第一是敘錄體：這是解題目錄中最早的體例，劉向《別錄》的各篇敘錄就是這一體例的創作。劉向等校書，每一書已，向輒條其篇目，撮其旨意，錄而奏之。他記錄「篇目」和「旨意」的

---

[32] 同註 10。

[33] （梁）阮孝緒撰，《七錄序目》（收入《叢書集成續編》第三冊，臺北市：新文豐，民國七十七年），頁三三四。

工作就是解題。劉向的敘錄內容包括：書名、篇目、著者生平和
學術思想、校正錯字和考訂版本、書的內容提要和評價等，也包
括解釋題目。如《戰國策》敘錄云：

中書本號或曰《國策》、或曰《國事》、或曰《短長》、
或曰《事語》、或曰《長書》、或曰《修書》。臣向以為戰
國時遊士輔所用之國，為之策謀，宜為《戰國策》。[34]

劉向撰寫的這種敘錄體的解題目錄，被後代不少目錄學家繼承和
發揚。如唐代元行沖的《群書四部錄》、宋代王堯臣等撰的《崇
文總目》、晁公武的《郡齋讀書志》、陳振孫的《直齋書錄解題》，
敘錄體例更稱完備。它主要包括卷帙、撰者狀況、學術淵源、版
本異同等項目，而至《四庫全書總目》則為集這一體例的大成之
作。這一體例是解題目錄中的大宗。

　　第二是傳錄體：這是比敘錄體內容簡略的一種體例。由於採
用這一體例的目錄書多已亡佚，只能從其他記載中略知情況。王
儉的《七志》是傳錄體的代表。雖然其書已佚，但它的體例，還
可以從一些文獻記載中看出來。如《隋書・經籍志》序云：「《七
志》亦不述作者之意，但於書名之下，每立一傳。」[35]《隋書・
經籍志》〈簿錄篇〉序又云：

---

[34] （宋）王應麟撰，《漢書藝文志考證》卷四（收入《中國歷代藝文志》，臺北
　　 市：遠東圖書，民國四十五年十一月），頁二八。

[35] 同註 2。

> 王儉作《七志》、阮孝緒作《七錄》，並皆別行。大體
> 雖準向、歆，而遠不逮矣。[36]

可以看出：《七志》的解題「大體雖準向、歆」，由於不述作者
之意，不像《別錄》、《七略》那樣全面評介圖書內容，而只是
「於書名之下，每立一傳」，所以和向、歆敘錄體解題比較起來
是遠遠不如的。

第三是輯錄體：這是廣泛輯錄與一書有關的資料來揭示圖書
內容和進行評論的一種體例。其代表就是元代馬端臨的《文獻通
考·經籍考》。《經籍考》除主要依據晁公武《郡齋讀書志》與
陳振孫《直齋書錄解題》外，還博採《漢書·藝文志》、《隋書·
經籍志》、《新唐書·藝文志》、宋代的《國史藝文志》、《崇
文總目》、《通志·藝文略》，以及正史列傳，各書序跋和文集，
筆記的有關資料，頗似史書的會注體。使與一書有關的資料，彙
為一編，便於考證輯佚與研究。清代朱彝尊的《經義考》、謝啟
昆的《小學考》、章學誠的《史籍考》亦採取輯錄體的做法。

從以上三種解題目錄體裁中可以看出，解題不僅能夠指導讀
者閱書治學，了解圖書的內容梗概，而且還能考證亡書的內容性
質，辨別真偽依托，考鏡學術源流，為整理古籍提供必要的依據。

《崇文總目》之解題，係在前人的基礎上有所發展，形成一
種更符合書籍的特點——敘錄體解題形式，並開創了一種將各

---

[36] （唐）長孫無忌、魏徵等纂修，《隋書·經籍志》子部·簿錄篇序，頁八四。

書、作者、內容、篇卷綜合介紹新的、更為完善之敘錄體解題形式。《崇文總目》著錄各書下之解題，後因故被刪，才由錢東垣等從群書中輯佚而成。

　　案《崇文總目》原有六十六卷，後來只剩下一卷。原因是只剩其目，原有的敘錄、小序，都已亡佚。清儒朱彝尊所見之本，即是如此。在朱彝尊《曝書亭集》卷四十四中云：

> 　　《崇文總目》六十六卷，予求之四十年不獲。歸田之後，聞四明范氏天一閣有藏本，以語黃岡張學使。按部之日，傳抄寄予。展卷讀之，祇有其目。當日之敘釋，無一存焉。[37]

朱氏因為看到《崇文總目》僅有目而無釋，而又因鄭樵對《崇文總目》之小注有意見，兩者一串聯，於是將《崇文總目》刪去敘錄、小序的原因，歸之於鄭樵。同書又云：

> 　　樂平馬氏《經籍考》，述鄭漁仲之言，以排比諸儒，每書之下，必出新意著說，嫌其文繁無用。然則是書因漁仲之言，紹興中從而去其序釋。[38]

這幾段話可以有幾點說明：

---

[37]　（清）朱彝尊撰，《曝書亭集》卷四四〈崇文書目跋〉（臺北市：臺灣商務，民國五十七年），頁七三三。

[38]　同上註。

　　第一、因鄭樵嫌《崇文總目》注釋的文繁無用，接到《崇文總目》因而去掉注釋。這樣的推理是很不合理，很不科學，而且又很不負責的。

　　第二、朱彝尊對鄭樵嫌《崇文總目》注釋之文繁無用，竟然是來自元馬端臨《文獻通考‧經籍考》之轉述。易言之，朱氏竟沒有讀過鄭樵在《通志》中的原始材料，確實也是很令人訝異的。

　　第三、假如朱氏讀過鄭樵的《校讎略》和《藝文略》，相信他絕不會有上述的結論。二手資料由於資料的不完整性，足以誤人。

　　總而言之，朱彝尊的論證，未免將事實看得太易、太輕了。由於朱彝尊的猜測，《四庫全書總目提要》之《崇文總目》條下遂有這樣的論證：

　　　　考原本於每條之下，具有論說。逮南宋時，鄭樵作《通志》，始謂其文繁無用。紹興中遂從而去其序釋。故晁公武《讀書志》、陳振孫《書錄解題》著錄，皆云一卷。是刊除序釋之後，全本已不甚行。南宋諸家或不見其原書，故所記卷數各異也。考《漢書‧藝文志》本劉歆《七略》而作，班固已有自註。《隋書‧經籍志》參考《七錄》，互註存佚，亦沿其例；《唐書》於作者姓名不見紀傳者，尚間有注文，以資考核，後來得略見古書之崖略，實緣於此，不可謂之繁文。鄭樵作《通志二十略》，務欲凌跨前人，而《藝文》一略，非目睹其書，則不能詳究原委。自揣海濱寒酸，不能窺中秘之全，無以駕乎其上，遂惡其害己而去之，此宋人忌刻

之故智，非出公心。厥後托克托等作《宋史・藝文志》，紕
漏顛倒，瑕隙百出，於諸史志中最為叢脞，是即高宗誤用樵
言，刪除序釋之流弊也。[39]

這段話說得更為荒謬：

第一、說高宗刪除《崇文總目》之敘釋，誤用樵言。完全是
依據《曝書亭集》立說，與朱氏的話，如出一轍。

第二、《四庫全書總目提要》提到《隋書・經籍志》等書，
可見這一則提要的作者，也並沒有讀過鄭樵的《校讎略》和《藝
文略》，否則，他就會知道鄭樵最推崇《隋書・經籍志》，時以
《隋書・經籍志》之是，來證《崇文總目》之非。同時也知道《藝
文略》中著錄的書，或釋或否，並非全無注釋。

第三、說鄭樵建言刪去《崇文總目》的敘、釋，是「刻忌之
故智，非出公心」，純係羅織成罪，而且這種羅織，是非常刻毒
的。

第四、認為元代托克托所作《宋史・藝文志》，在諸史志中，
最為叢脞，就是受了鄭樵的影響。這是進一步的猜測，也是進一
步的羅織。《宋史・藝文志》固然淺陋，卻絕對不是受了鄭樵的
影響。

第五、《四庫全書總目提要》是一部很重要的參考書，但是
所記資料，有時並非經第一手資料，而加以判斷。如本則提要，

---

[39] （清）永瑢、紀昀等撰，《四庫全書總目提要》史部・目錄類一（臺北市：臺
灣商務，民國五十四年），頁一七七六～一七七七。

很明顯的取材於《曝書亭集》，人云亦云，以訛傳訛，甚至加以渲染。

　　朱彝尊及《四庫全書總目提要》的說法，在清代亦自有學者不贊成。據杭世駿《道古堂文集》卷二五中云：

> 竹垞檢討謂刪去解題，始於鄭夾漈作《通志略》，非也。馬貴與撰《通考》、王伯厚著《玉海》，生後夾漈百餘年，其書皆引證其說。嘉定七年，武夷蔡驥刻《列女傳》，首簡亦引此書，則知此書在宋時原未有闕，後世傳鈔者畏其繁重，乃率意刪去耳。[40]

而錢大昕《十駕齋養新錄》卷一四中云：

> 《崇文總目》一冊，予友汪照少山遊浙東，從范氏天一閣抄得之。其書有目而無敘釋。每書之下多有注闕字者。陳直齋所見，蓋即此本。題云紹興改定。今不復見題字，或後人傳鈔去之耳。朱錫鬯跋是書，謂因鄭漁仲之言，紹興中從而去其敘釋。今考《續宋會要》載，紹興十二年十二月，權發遣盱眙軍向子固言，乞下本省，以《唐書・藝文志》及《崇文總目》所闕之書，注闕字於其下，付諸軍照應搜訪。是今所傳者，即紹興中頒下諸州軍搜訪之本。有目無釋，取其便

---

40 （清）杭世駿撰，《道古堂文集》卷二五〈崇文總目跋〉（收入《中國歷代圖書著錄文選》，北京市：北京大學出版社，一九九五年十月），頁一〇五。

於尋檢耳。豈因漁仲之言而有意刪之哉。且漁仲以荐入官，在紹興之末，未登館閣，旋即物故。名位卑下，未能傾動一時，若紹興十二年，漁仲一閩中布衣耳，誰復傳其言者。朱氏不過一時揣度之詞，未及研究歲月。聊為辨正，以解後來之惑。[41]

案鄭樵修撰《通志》，始於紹興二十一（一一五一）年，成於紹興三十一（一一六一）年，次年高宗命他獻進《通志》時，鄭樵即謝世。錢大昕以年代立論，鄭樵在紹興十二（一一四二）年時，不僅是一布衣，抑且未有《通志》之作，何由以其《通志‧校讎略》之立論，並建言朝廷盡去《崇文總目》之注釋呢？

實際上鄭樵根本沒有盡廢敘錄的主張，其所著《藝文略》亦多有注釋，這一點已是最好的證明，顯示他不可能建言去除《崇文總目》注釋的。

而《四庫全書簡明目錄》論及此點時，只說「舊本佚其解題」，那就比較圓隱而近於事實了。

從錢侗等人抄輯的殘卷來看，《崇文總目》之體例有以下數端：

一、著錄篇名。篇目之體，在於條別全書、著其某篇第幾、考一書之源流。如《崇文總目》卷一，〈經部‧易類〉：

---

[41] （清）錢大昕撰，《十駕齋養新錄》卷一四〈崇文總目〉條（臺北市：臺灣商務，民國五十四年），頁三四三～三四四。

　　《歸藏》三卷，原釋晉太尉參軍薛正注。《隋書》原有十三篇，但存〈初經〉、〈齊母〉、〈本蓍〉三篇，文多闕亂，不可詳解。

　　二、解析題目和著書經過。如《崇文總目》卷一，〈經部‧易類〉：

　　　　《周易口訣義》六卷，原釋河南史證撰，不詳何代人。其書直抄孔氏說，以便講習，故曰口訣。

解析了題目何以稱為口訣。又如《崇文總目》卷一，〈經部‧易類〉：

　　　　《周易新論傳疏》十卷，原釋唐陰洪道撰，洪道世其父顯之學，雜采子夏、孟善等十八家之說，參訂其長，合七十二篇，子易有助云。

這就介紹了作者著書的經過。

　　三、介紹作者和傳注者。如《崇文總目》卷三，〈子部‧醫書類一〉：

　　　　《劉涓子鬼遺方》十卷，原釋宋龔慶宣撰，劉涓子者，晉末人。於丹陽縣得《鬼遺方》一卷，皆治癰疽之法，慶宣得而次第之。

　　四、辨別書之真偽、存亡與殘缺。如《崇文總目》卷二，〈史
部・雜史類〉上：

　　　　《越絕書》十五卷，原釋子貢撰，或子胥。舊有內紀八，
　　外傳十七。今文題闕舛，纔二十篇。又載春申君，疑後人竄
　　定，世或傳二十篇者，非是。

　　五、揭示圖書內容。如《崇文總目》卷一，〈經部・易類〉：
「《周易乾鑿度》二卷，原釋中述陰陽日辰數讖。」就說出了此
書的內容。
　　六、敘述學術源流。如《崇文總目》卷一，〈經部・樂類〉：
《廣陵止息譜》一卷，原釋：

　　　　晉中散大夫嵇康作琴調〈廣陵散〉，說者以魏氏散亡自
　　廣陵始。晉雖暴興，中止息于此。康避魏晉之禍，托之於鬼
　　神。河東司戶參軍李良輔云：袁孝己竊聽而寫其聲，後絕其
　　傳。良輔傳之于洛陽僧思古，思古傳於長安張老，遂著其譜。
　　總三十三拍，至渭，又增為三十六拍。

　　從上述的例子可以看出，《崇文總目》的提要靈活多變，不
拘一格。不同的圖書，根據需要，著錄成不同形式的解題。它能
夠從不同的角度，揭示圖書的內容，指導讀者，使讀者覽錄而知
旨，省其探討之勞苦。
　　小序，它是對每類書所作的高度概括性的總結。余嘉錫曾說

過：「蓋目錄之書，莫難於敘錄，而小序則尤難之難者。」[42]清章學誠也曾指出：「非深明道術精微，群言得失之故者，不足為此。」[43]足見編寫小序之難。假如編者沒有博大精深的學識，通曉百家之短長的精闢見解，是無法完成這項工作的。歷史上有許多書目，不能做到序釋俱全，與此亦有很大的關係。

《崇文總目》前有總序，每一類有小序，今總序已不存；小序則由歐陽修所撰者，今尚存於《歐陽文忠公全集》卷一二四中。計有三部三十篇：

經部：易、書、詩、禮、樂、春秋、論語、小學八篇。

史部：正史、編年、實錄、雜史、偽史、職官、儀注、刑法、地理、氏族、歲時、傳記十二篇。

子部：儒家、道家、法家、名家、墨家、縱橫家、雜家、農家、小說家、兵家十篇。

這些敘釋主要述其學術淵源和所以立目的理由，對了解這類圖書大有裨益。

《崇文總目》的序之所以編得簡明扼要，議論辨證，為後世目錄學家所推崇，是因為它由王堯臣、張觀、歐陽修等博學多才，又久任編目之職的人所完成的。從《歐陽文忠公全集》中，可以看到《崇文總目》三十篇類目的小序。這些小序大致包括三個方面：

---

[42] 余嘉錫撰，《目錄學發微》（臺北縣：藝文印書館，民國六十三年四月），頁六十四。

[43] 同註 8。

一、此類學術的產生；

二、此類學術的發展及其流派；

三、此類學術的社會意義和評價。

比之《漢書・藝文志》、《隋書・經籍志》，《崇文總目》言簡而明，信而通，引物連類，析之至理。[44]

今錄〈經部・易類〉小序於後，以見一斑。

前史謂秦焚三代之書，易以卜筮而得不焚。及漢募群書，類多散逸，而易以故最訛。及學者傳之，遂分為三：一曰田何之易，始自子夏，傳之孔子，卦、象、爻、彖與文言、說卦等離為十二篇，而說者自為章句，易之本經也。二曰焦贛之易，無所師授，自言得之隱者。第述陰陽災異之言，不類聖人之經。三曰費直之易，亦無師授，專以彖、象、文言等參解卦、爻。凡以象、彖、文言雜入卦中者，自費氏始。田何之學，施、孟、梁丘之徒最盛。費氏初微，止傳民間；至後漢時，陳元、鄭眾、康成之徒，皆學費氏，費氏興而田學遂息。古十二篇之易遂亡其本，及王弼為注，亦用卦、象相雜之經。自晉以後，弼學獨行，遂傳至今。然易比五經，其來最遠。自伏羲畫卦，下更三代，別為三易。其變卦五十有六，命名皆殊。至於七八九六筮占之法亦異。周之末世，夏商之易已亡。漢初雖有歸藏，已非古經。今書三篇，莫可究

矣。獨有周易，時更三聖，世歷三古，雖說者各自名家，而
聖人法天地之縕，則具存焉。[45]

此序對於易之性質、派別以及演變過程，敘述甚詳。讀此對於易
學可略知梗概，有助於辨章學術、考鏡源流的目的。

如〈史部·雜史類〉序云：

> 周禮天子，諸侯皆有史官。晉之乘，楚之檮杌，考其紀
> 事，為法不同。至於周衰，七國交侵，各尊其王，是非多異，
> 尋亦磨滅，其存無幾。若乃史官失職，畏怯迴隱，則游談處
> 士，亦必各記其說，以伸所懷。然自司馬遷之多聞，當其作
> 《史記》，必上採帝系、世本、旁及戰國荀卿所錄，以成其
> 書，則諸家之說，可不備存乎。[46]

此序文大體上說明了〈雜史類〉的特點。

又如〈史部·實錄類〉序云：

> 實錄起於唐世，自高祖至於武宗，其後兵盜相交，史不
> 暇錄，而賈緯始作補錄，十或得其二三。五代之際，尤多故
> 矣，天下乖隔，號令並出，傳記之士，訛謬尤多。幸而中國

---

[45] （宋）歐陽修撰，《歐陽修全集》〈崇文總目敘釋〉〈易類〉，頁九九七。

[46] （宋）歐陽修撰，《歐陽修全集》〈崇文總目敘釋〉〈雜史類〉，頁一○○○。

之君，實錄粗備，其盛衰善惡之跡較然，而著者不可泯矣。[47]

這裡指出了實錄的起源及其著錄價值。

又如〈子部‧雜家類〉序云：

> 雜家者流，取儒、墨、名、法合而兼之，其言貫穿眾說，
> 無所不通。然亦有補於治理，不可廢焉。[48]

此序確實較簡明地道出了雜家的特點及其「不可廢」的理由。

這些序文和解題，大抵文字簡約，說明了各個類目和各書的源流得失，總括了宋代以前的圖書情況，其價值是應受肯定的。

此外，《崇文總目》在每類之前，皆總計各類部數及卷數。如：

易類前云：共一十八部、計一百七十一卷。

正史類前云：共三十部、計二千一百六十二卷。

儒家類前云：共四十四部、計三百二十卷。

文史類前云：共二十五部、計七十卷。

錢東垣云：

> 按《漢書‧藝文志》、《隋書‧經籍志》每類小敘及總
> 數皆在目後；《舊唐書‧經籍志》、《唐書》、《宋史‧藝

---

[47] （宋）歐陽修撰，《歐陽修全集》〈崇文總目敘釋〉〈實錄類〉，頁一〇〇〇。

[48] （宋）歐陽修撰，《歐陽修全集》〈崇文總目敘釋〉〈雜家類〉，頁一〇〇三。

文志》無敘，而總數亦列于後；惟《文獻通考‧經籍類》敘數並在目前。此書天一閣鈔本但有總數在前，而敘久散佚。[49]

殆《崇文總目》列每類小序與總數並在目前，惜書闕無徵耳。

　　從以上所述之言，可看出《崇文總目》將分類編目、敘錄、小序，有機地結合在一起，也就提高了辨章學術、考鏡源流的作用，更提高了它的學術價值。

　　宋人對《崇文總目》的評價，並不是很高，甚至多有微辭。晁公武云：「此書多所謬誤。」[50]鄭樵《通志‧校讎略》中〈泛釋無義論〉一篇，也是針對《崇文總目》。他說：

　　　　今《崇文總目》出新意，每書之下，必著說焉。據標類自見，何用更為之說。且為之說也，已自繁矣，何用一一說焉。至於無說者，或後書與前書不殊者，則強為之說，使之意怠。……《崇文》所釋，大概如此舉，此一條可見其他。[51]

足見鄭樵極力貶低《崇文總目》，反對著錄歷史文獻，還要「必著說焉」。

---

[49] （清）錢侗撰，《崇文總目輯釋》卷一〈易類〉（臺北市：廣文，民國五十七年三月），頁二五～二六。

[50] （宋）晁公武撰，《郡齋讀書志》衢州本卷九，（收入《中國歷代圖書著錄文選》，北京市：北京大學出版社，一九九五年十月），頁一〇三。

[51] （宋）鄭樵撰，《通志》卷七十一，〈校讎略第一〉〈泛釋無義論〉條，頁四九〇。

　　平心而論，《崇文總目》卷帙浩繁，篇目相重、著錄訛誤，
疏於考證等錯訛缺失是難免的，解題的質量不如《別錄》，也是
可以斷言的。但是它對後世補缺圖書、辨別圖書之真偽，卻引起
很大的作用。以後所撰如晁公武《郡齋讀書志》、陳振孫《直齋
書錄解題》等私家目錄，都是仿照《崇文總目》的分類及著錄方
法。正如朱彝尊所說：

　　　　按《總目》，當時撰定，諸儒皆有論說，凡一書大意，
　　必舉其綱，法至善也。其後著《郡齋讀書志》、《直齋書錄
　　解題》，咸取法於此。[52]

不但宋朝沿用此法，而且直到《四庫全書》，還是沿用此法，只
是更完善而已。所以，《四庫全書總目》評論說：

　　　　其書載籍浩繁，牴牾誠所難保，然數千年著作之書目總
　　匯於斯，百世而下藉以驗存佚，辨真贗、覆同異，固不失為
　　冊府之驪淵，藝林之玉圃也。[53]

這不失為公允之論。

---

[52] （清）朱彝尊撰，《經義考》卷二九四（臺北市：臺灣中華，民國五十四年），
　　頁五。

[53] 同註 39。

第六章 　《崇文總目》之評價

　　目錄的功能，不僅是便於學人查考書籍，同時也能夠使人明瞭學術發展的源流。換言之，目錄就是書的歷史；而目錄學的發展，也就是學術史的發展。依據《宋史・藝文志》序云：

　　　　宋有天下，先後三百餘年，考其治化之污隆，風氣之離合，雖不足以儗倫三代，然其時君汲汲於道藝；輔治之臣，莫不以經術為先務；學士、搢紳先生談道德性命之學，不絕於口，豈不彬彬乎進於周之文哉！宋之不競，或以為文勝之弊，遂歸咎焉，此以功利為言，未必知道者之論也。[1]

　　目錄之學，正如同學術發展的指標。元、明目錄學之衰，清代目錄學之盛，在於學術之興廢。由此可見，宋代目錄學之興盛，正是宋代學術高度發展的明證。

　　「流通圖書，保存資料」是今日圖書館事業的最高目標，宋代各藏書處，在不同的程度上都能做到了。特別是崇文院，它絕對不只為藏書而藏書，為編目而編目；相反的，它那豐富的藏書，對當時發揮了多方面的作用，對後世帶來深遠的影響。

---

[1] （元）脫脫等修，《宋史・藝文志》序（臺北市：臺灣商務，民國五十五年三月臺一版），頁一。

對當時的公私著述和校刻圖書，崇文院提供了參考資料；更可貴的是，它的藏書是可以公開借出的，和一些開明的藏書家互相影響，造成讀書、藏書的風氣，推廣知識。以「流通為藏」的道理，「知之非艱，行之為艱」，北宋歷代皇帝一意右文，獎勵文教，不將崇文院的藏書視為個人專有，在中外圖書館史上，寫下光輝的一頁。

崇文院對後世的貢獻在編撰了書目和四大書，使很多現已散失的典籍得以保存。如清代的輯佚之風甚盛，成就也大，但他們憑藉的材料，主要就是這些類書。

崇文院的編制，在多方面已具現代圖書館的規模。館職分工精細，更是行政人才培養的地方，有嚴密的借閱手續和妥善的管理；有特設的「借本書庫」和「特藏書庫」；輯錄有詳確的書目；而皇宮內殿圖書館更擔當了博物館的任務，其保存歷代的書畫真跡、古書文物。因此，宋太宗建立崇文院以及他的館臣，在中國圖書館事業和文化上，的確已有不朽的貢獻。

宋代是我國目錄史上的一個重要時期。由於雕版印刷術的發明，促進了書籍的流通，為目錄學的繁榮、興盛，提供了客觀物質條件。無論是官修目錄、史志目錄，或是私家藏書目錄，在宋代大放異彩。

《崇文總目》為辨章學術、考鏡源流的重要參考資料。另外，其體例，承先啟後，在目錄學史上佔有甚為重要的地位。

在宋代書目編撰上，尤以《崇文總目》值得重視，其因有：

（一）《崇文總目》為今存解題書目中最早的一部，對後世影響頗巨。

　　（二）《崇文總目》可考唐、宋間圖書存佚情形。

　　（三）參與《崇文總目》編纂的學者，如王堯臣、歐陽修等，都是績學之士，考訂精審。

　　（四）《崇文總目》雖已散佚，但清代有《四庫輯本》、《錢輯釋本》兩種，可見其原目概貌。

　　《崇文總目》與其他書志不同，它是國家圖書館的總目錄。在整理全部藏書之後，旨在登記著錄，並注意切合適用。所以，它具備以下特點，分述如下：

　　第一、它是根據國家館閣藏書編修的，三萬多卷都是經過編校落實的現存館閣圖書，都可按目查閱，但其中沒有著錄亡書。

　　第二、為了便於皇帝或大臣們查閱，僅有單純的篇目，如《舊唐志》，這是無法滿足讀者的需求。因之，在本目中，又恢復了書籍解題和部類後的小序。編修人員如歐陽修、宋祁等都是當時第一流的學者文家，又經過相當長的時間，所寫的小序和題解，都很精煉扼要，並且能說明問題。

　　第三、《崇文總目》與《隋書‧經籍志》對照可以發現，《崇文總目》雖仿《開元四部錄》，但並沒有依照它的分類，而作了一些增刪和調整，其中經部刪去了讖緯類。史部刪去了舊事類，新增歲時類，同時改古史為編年、霸史為偽史、起居注為實錄、雜傳為傳記、譜系為氏族、簿錄為目錄。子部改天文為天文占書、曆數為曆算、醫方為醫書；同時增加了類書、算術、藝術、卜筮四個類目，值得注意的是：

　　道書和釋書正式作為類目併入子部。至於集部將楚辭類改成了文史類。這些改變和調整，反映了從唐到宋歷史文獻的變化和

人們對某些歷史文獻的新認識。如讖緯之書，歷朝有禁，隋朝尤為突出，故到了宋代，這類書已所存無幾，已不足以構成一類，故刪去了這一類目。隋、唐兩朝編修了不少類書，宋初亦編修了《太平御覽》、《太平廣記》等類書，由於這類圖書的增加，故在子部新增了這一類目。至於將道書、釋書從附屬於集部的地位，改為子部的類目，只能說反映了宋人對這類書的看法與唐人已有了改變。

以上各類的併省增易，都是比較合理且具有進步意義。所以有些類別如文史、醫書、釋書等，以後長期成為官私目錄著作的定型。尤其根據實際情況，將道經、佛經另增兩類，屬於子部，也算是比較好的。

由此可見《崇文總目》在類例圖書的四部分類法上，也是有所發展的。正因為在北宋有《崇文總目》這樣的國家書目作為典範，所以後來的私人書目，如《郡齋讀書志》、《直齋書錄解題》、《遂初堂書目》等，在分類方法上有所依據和啟發。

第四、關於《崇文總目》版本問題。宋人紀錄此書有各種卷數，又有紹興改定本，只有一卷，尚存鈔本，原本在南宋末到元初已散失。但其中資料，被《玉海》、《文獻通考》、《永樂大典》等書所引者頗多。因之，清朝乾嘉時代，有兩種輯本。

（一）永樂大典本，《崇文總目》十二卷。清乾隆時修《四庫全書》，館臣從《永樂大典》中輯出。所輯者，係各書之小序與題解等，以之補入所傳一卷抄本中，便成為十二卷本。

（二）錢輯本，《崇文總目輯釋》五卷。同時，清嘉定錢東垣、錢侗兄弟等，以范氏天一閣所藏紹興改定一卷鈔本為底本，

進行輯補工作。總得原序三十篇、原釋九百八十條、引證四百二十條。錢輯本完成於清嘉慶四年，輯釋成果，遠在永樂大典本之上。

第一節　《崇文總目》之特點

《崇文總目》早已殘缺不全，今雖不能盡見其原目面貌，但可從這些輯本中，亦可考見其特點：

一、提要簡明實用

《崇文總目》著錄當時館閣現存圖書三萬餘卷，繼承了《別錄》、《群書四錄》的優良傳統，每書均撰寫提要。而提要編寫者必須親檢原書，根據各書特點和閱讀需要撰寫，其內容涉及極為廣泛。

首先，對著者和書名的說明與考訂。如〈經部·易類〉載《周易舉正》三卷，原釋云：

唐蘇州司戶參軍郭京撰。京世授五經，得王輔嗣，韓康伯手寫《易經》，比世所行，或頗差駁，故舉正其訛而著于篇。

這是對作者和書名加以說明考訂。

又如〈經部·詩類〉載《毛詩草木鳥獸蟲魚疏》二卷，原釋云：

吳太子中庶子烏程令陸璣撰。世或以璣為機，非也。機

自為晉人，本不治詩，今應以璣為正。然書但附詩釋，誼窘于采獲，似非通儒所為者，將後世失傳，不得其真歟。

其二、對圖書內容的介紹說明。如〈史部・正史類〉載《後魏書》一百三十卷，魏收撰。原釋云：

齊天保中，始詔收撰《魏史》。收博采諸家舊文，隨條甄舉，綴屬後事，成一代大典。追敘魏先祖二十八帝，下終孝靜，作十二紀、九十二列傳、十志，析之凡一百三十篇。而史有三十五例、二十五敘、九十四論、前後二表、一啟。

其三、介紹圖書存闕情形。如〈經部・易類〉載《歸藏》三卷，原釋云：

晉太尉參軍薛正注。《隋書》有十三篇，今但存《初經》、《齊母》、《本著》三篇，文多闕亂，不可詳解。

這是在注者姓名前註明朝代和官銜，並略述其存闕情況。

又如〈經部・春秋類〉載《春秋繁露》十七卷，董仲舒撰。原釋云：

其書盡八十二篇，義引宏博，非出近世，然其間篇第七舛，無以是正。又即用玉桮竹林題篇，疑後人取而附著云。

又如〈經部・春秋類〉載《左氏膏肓》九卷，原釋云：「漢司空掾何休始撰，……書今殘逸，第七卷亡。」

其四、議論與評價。如〈經部・詩類〉載《毛詩正義》四十卷，原釋云

　　　　唐國子祭酒孔穎達撰。太尉長孫無忌諸儒刊定，四朝端拱初，國子司業孔維等奉詔是正，詩學之家，此最為詳。

又如〈經部・禮類〉載《三禮義宗》三十卷。原釋云：

　　　　梁明威將軍崔靈恩撰，其書合《周禮》、《儀禮》二戴之學，敷述貫串，該悉其義，合一百五十六篇，推衍閎深，有名前世云。

作為一部官修書目，每部書均撰寫提要，是非常正確的作法。南宋鄭樵在《通志・校讎略》中，提出「泛釋無義」的理論，對於改進書目提要的實用性，是非常有價值的。但他未能區分史志目錄與官修書目兩類書目體例，將史志目錄與官修書目相比擬，他批評說：「每書之下必著說焉。……且為之說也，已自繁矣。」[2]其語未免偏激過當。清朱彝尊《經義考》卷二九四曾指出：

---

[2]　（宋）鄭樵撰，《通志》卷七十一《校讎略一》〈泛釋無義論〉（收入《景印文淵閣四庫全書》第三七四冊，臺北市：臺灣商務，民國七十二年），頁四九○。

　　　　當時撰定諸儒，皆有論說。……而後之學者覽其目錄，
　　猶可想見全書之本末焉。[3]

《四庫全書總目》也云：「後來得略見古書之崖略，實緣于此，
不可謂之繁文。」[4]

二、小序言簡精煉扼要

　　《崇文總目》的大小類，皆撰有小序。小序是由歐陽修所撰
寫。《歐陽文忠公文集》卷一一四有〈崇文總目敘釋〉一卷，包
括經部八篇、史部十二篇、子部十篇，共計三十篇。雖然不是原
目小序之全部，但已可以看出歐陽修所撰小序的體例，係繼承《漢
書·藝文志》、《隋書·經籍志》。其文字簡明，而敘學術源流，
甚為清晰，對於掌握各學科發展概況、查閱和利用資料時，可起
引導作用。

　　如〈道家類〉敘云：

　　　　道家者流，本清虛，去健羨，泊然自守，故曰：我無為
　　而民自化，我好靜而民自正。雖聖人南面之術，不可易也。
　　至或不究其本棄去仁義，而歸之自然，以因循為用，則儒者

---

[3]　（清）朱彝尊撰，《經義考》卷二九四，（臺北市：臺灣中華，民國五十四年），
　　頁五。

[4]　（清）永瑢、紀昀等撰，《四庫全書總目提要》史部·目錄一〈《崇文總目》〉
　　條（臺北市：臺灣商務，民國五十四年），頁一七七六。

病之。[5]

三、調整子目，使分類更為合理

《崇文總目》成書早於《新唐書‧藝文志》二十年，其分類體例是以《舊唐書‧藝文志》為基礎，加以併省而成的。其目共分四部四十五類。類目的調整，使整個分類體系更加合理。更能符合學術的內涵。

從分類學的發展而言，也只有進步的意義。文史一類，收錄文學理論、文藝評論著作，為後世書目分類所沿用。釋、道圖書的歸類，自魏晉以來，幾經變更，未能找到比較合理的方法。附於群書之外為之不妥，散見於史、子各類更不恰當，所以，《崇文總目》在子部設立釋、道二目，算得上是比較妥當的權宜辦法。同時這也是唐代以來儒、佛、道合流，儒家更能吸取佛、道思想的一種反映。

《崇文總目》對後世補缺圖書、辨別圖書之真偽，卻引起很大的作用。以後所撰如晁公武《郡齋讀書志》、陳振孫《直齋書錄解題》等私家目錄，都是仿照《崇文總目》的分類及著錄方法。不但宋朝沿用此法，而且直到《四庫全書》，還是沿用此法，只是更完善而已。

---

[5] （宋）歐陽修撰，《歐陽修全集》（臺北市：世界，民國五十年一月初版），頁一〇〇三。

第二節　《崇文總目》之功用

目錄之書，既重在學術之源流，後人遂利用之以考辨學術，此其功用，固發生於目錄學之本身，而利被遂及於後學，然亦視其利用之方法如何，因以判別其收之厚薄。鄭樵有云：「學術之苟且，由源流之不分，書籍之散亡，由編次之無紀。」[6]

因此，一般解題書的功用，不外乎是辨章學術、考鏡源流，考書的存佚、辨書的真偽等。《崇文總目》的功用也是如此。

從唐、宋到南宋初年，《崇文總目》是僅存的一部書目，因為《新唐書‧藝文志》的編成，雖後於《崇文總目》，然所據係以唐代書目為主，在體例上不能記載五代以後的圖書，甚至唐末也記載得不詳備，其所記又不論存佚，和《崇文總目》祇記載當時館閣現存的圖書不同；《崇文總目》又是現有的解題書目中（除了佛家經錄之外），係所存最早的一部，所以其價值有優於一般書目，其功用有下列四項：

一、可考典籍的存佚

我國的典籍隨著時代不斷的遞增，然而也因時代的動亂而不斷的亡佚，欲知歷代古籍存佚情形，唯從目錄得知。

《新唐書‧藝文志》雖比《舊唐書‧經籍志》完備得多，然

---

[6]　（宋）鄭樵撰，《通志》總序（收入《景印文淵閣四庫全書》第三七二冊），頁九。

下距晁公武《郡齋讀書志》、尤袤《遂初堂書目》；中間兩百多年，所存僅有《崇文總目》，而且晁、尤兩家書目，係屬私藏，著錄不豐。鄭樵的《通志・藝文略》，又是鈔輯各種書目而成。

五代和靖康之難，圖書大量亡佚，所以《崇文總目》在這方面的重要性，就顯得特別突出。尤其是據當時的館閣藏書，由歐陽修、王堯臣等績學之士所編成，可信度更高。

二、鑒別古籍的真偽

漢代的《別錄》和《七略》，雖已不傳，不過班固的《漢書・藝文志》，不僅著錄其書目，而且間有自注。當時係依據《別錄》和《七略》，唐顏師古又博引旁徵作注，所以在辨偽上有很大的作用。

而《隋書・經籍志》和《舊唐書・經籍志》、《新唐書・藝文志》，都沒有解題，但偶有說明，大多是官修各書的撰者和纂修過程，很少有涉及真偽。

所以《崇文總目》的敘釋文字，雖然所存不多，但卻有相當的價值。在辨偽時，時常是最先徵引《崇文總目》的說法。甚至於後人對一書真偽的認識，儘管解釋的比《崇文總目》好，證據較多，結論也較肯定。然而可能是從《崇文總目》的辨偽語中得到啟示，進而加以探求。學問之事，本是後來居上。不過最初或最早的意見或注語，仍是值得重視。

三、解題書目的範例

我國有解題的書目，雖然可以上溯到西漢末的《別錄》，然其久已亡佚。六朝的佛家經錄，雖存而少有人注意。《崇文總目》便成為所存最早的解題書目，為晁公武、趙希弁、陳振孫以及後人所取法。

而晁公武、趙希弁、陳振孫等人，都曾看到過原本《崇文總目》，並加以徵引，在體例上必然受其影響。即使是已亡佚的《中興館閣書目》，因為同樣是官修書目，而《崇文總目》在前，加上王堯臣、歐陽修的聲望，一定也多所取法。

後來敘釋散佚，撰寫解題書目的人，當然會以晁公武《郡齋讀書志》、陳振孫《直齋書錄解題》做範本。體例上儘管愈見周密，例如注重版本的記載、比較。可是《崇文總目》對後代的書目，在題解的撰寫上，近似於創始。

如果十六卷的原本還在，可以討論的體例必然很多，可資利用的材料，也就更豐富。

四、可考古書的完缺

古籍傳世久遠，不乏有缺葉脫簡的情形，《崇文總目》實有記載古書完缺的狀況。

如《管子》尹知章注本，《新唐書·藝文志》著錄三十卷，《崇文總目》原釋云：「今存十九卷，自列勢解篇而下十一卷亡。」

又如《晏子》一書，《漢書·藝文志》著錄八篇，《七錄》作七篇，《隋書·經籍志》、《舊唐書·經籍志》、《新唐書·

藝文志》作七卷，《崇文總目》著錄十二卷，原釋云：「《晏子》八篇，今亡。此書後人採嬰行事為之，以為嬰撰，則非也。」侗按：今本八卷。

若此之類，不稽考目錄，則傳本是否完缺輯節不可知，《崇文總目》實有此功用。

總之，目錄學的為用甚為廣泛，無論是初步門徑或研究治學，都需要藉以取資，所以清代學者王鳴盛說：目錄學是治學中的第一緊要事。不過其收效是否豐碩，則端視學者利用的方法如何。

第三節　《崇文總目》對後世之影響

從漢至唐代，雖已編有不少書目，後人也加以利用，並且給予批評，不過大都很零星。宋代編有書目漸多，也更重視利用與批評，但這都是漸進式的。

《崇文總目》著錄北宋館閣藏書三千四百四十五部，各有敘釋，並由歐陽修等編修完成，因《崇文總目》比當時的其他公私書目著錄豐富，考證精審，不僅宋代公私書目在體例上作為範例，在資料上也加以引證，自然受到後世的重視，從而加以利用與批評。今就文獻可徵的各家書目詳述於後，以資參考。

一、《崇文總目》、晁公武《郡齋讀書志》和陳振孫《直齋書錄解題》，是宋代的三部解題書目，在時間上，分別記載了北宋中葉、南宋初期和末期的藏書。在體例上，使晁公武、陳振孫兩目有所遵循，在資料上，也加以直接或間接的徵引。而有出入

的地方，也可視為對《崇文總目》的訂補，或表達不同的看法。

如《郡齋讀書志》卷五上〈傳記錄〉《古列女傳》八卷云：

> 右漢都水使者光祿大夫劉向撰，又一卷莫知其為誰續，
> 然亦載於《崇文總目》，王回、曾鞏皆序之。

又如《直齋書錄解題》卷十二〈神仙類〉《列仙傳》二卷云：

> 漢劉向撰，凡七十二人，每傳有贊，似非向本書，西漢
> 人文章不爾也。《館閣書目》三卷六十二人，《崇文總目》
> 作二卷七十二人與此合。

二、《玉海》係輯錄體，而徵引之《崇文總目》，據錢侗小
引稱，在所據以輯錄的資料中，是最多的一種。如《玉海》卷三
十六載：

> 《崇文目》《周易甘棠正義》三十卷，任正一撰。以孔
> 穎達為本甘棠者，正一為陝州司馬，故名其書。

又如《玉海》卷三〈星經〉條載：

> 案《崇文總目》《天文星經》五卷，梁陶弘景校。合三
> 垣列宿中外官三百十九名，各設圖象著巫，咸甘德石申所記。

王應麟的其他著述，如《困學紀聞》、《三家詩考》、《漢書藝文志考證》等諸書，也曾引用過。如《困學紀聞》卷十二載：「《崇文總目》《史隽》十卷，漢隽之名本於此。」

清章學誠《文史通義》，對《玉海》屢有褒辭，評價遠在《文獻通考》之上。王氏學識高，對資料的選取，自具眼見，能重視《崇文總目》，也可見其考訂精審。

三、《文獻通考》採用輯錄體，所引《崇文總目》，為錢輯釋本所據次多的資料。可惜馬端臨未能多加徵引，如《直齋書錄解題》一樣。如《文獻通考》卷一八一《三禮義宗》三十卷載：

> 《崇文總目》梁明威將軍崔靈恩撰。其書合《周禮》、《儀禮》、二戴之學，敷述貫穿，該悉其義，合一百五十六篇。推衍閎深，有名前世云。

大致馬氏貴近而略遠，這有所引晁公武《郡齋讀書志》的數量，介於《崇文總目》和陳振孫《直齋書錄解題》之間，從而得知。

四、《群書考索》引《崇文總目》，如《群書考索》卷十一載：

> 《說苑》漢劉向撰。采傳記百家，所載行事之跡，凡二十篇。案《崇文總目》今存五篇，餘亡。後曾鞏得十五篇，與舊合二十篇而為之序。

但此部類書在體例上，也不甚完備，而錢東垣等並未加注意。趙

士煒輯《中興館閣書目》，更有不少資料出自於《群書考索》。
其所校《崇文總目》，必有採自《群書考索》的。如有人補正錢
輯釋本，正可利用這些資料，不過卷帙甚多，體例不善，版本不
佳，需要有細緻的耐心才行。

　　五、朱彝尊所編成《經義考》三百卷，是歷代書目中卷帙最
豐富的，真是博極群書。所採用的書目甚多，其中有些傳本甚少
的。如《崇文總目》的一卷本簡目，明天一閣有抄本等。朱彝尊
訪求原本未獲，所徵引當據《文獻通考》或《玉海》所引，惟朱
氏對資料來源，完全沒有注明，但標《崇文總目》，不易覆據。
如《經義考》卷二四五《亡名氏授經圖》載：

　　　　《崇文總目》不著撰人名氏。敘易、詩、書、禮、春秋
　　　三家，論語、孝經之學，師承相第系而為圖。

錢侗小引中徵引書目，列有《經義考》，當是別有所得，然必不
能多。

　　六、《四庫全書總目提要》間引《崇文總目》，條目頗多。
當時雖有《永樂大典》輯本，然而撰寫提要時，輯本未必完成。
以提要引用晁公武《郡齋讀書志》、陳振孫《直齋書錄解題》，
多從《文獻通考》轉引例之，對《崇文總目》也當如此。

　　七、《隋書經籍志考證》對《崇文總目》作選擇性的引用，
對《舊唐書·經籍志》、《新唐書·藝文志》《宋史·藝文志》，
則充分利用。如《隋書經籍志考證》卷三〈雜史〉載：

　　《吳越春秋》十卷，唐皇甫遵撰。《新唐書・藝文志》
作《吳越春秋傳》。《崇文總目》曰：遵合趙曄、楊方二家
之書，考定而注之。《宋史・藝文志》入〈別史類〉。

姚振宗之「快閣山房叢書」以精審著稱。然重《新唐書・藝文志》
而輕先成書的《崇文總目》，不免千慮一失。其所引敘釋，全不
著出處，當係據錢輯釋本。

　　八、《四庫提要辨證》對《崇文總目》最為重視，除常加引
證外，並屢次強調其成書早於《新唐書・藝文志》二十多年，注
意其時間性，這一點甚為重要。例如考證《隋書・經籍志》、《舊
唐書・經籍志》所收的書有限，《新唐書・藝文志》成書在《崇
文總目》之後，在時序上便很值得重視，又如考證《宋史・藝文
志》。《崇文總目》是宋代書目有傳本中最早的一部，也是今存
北宋所編書目唯一的一部，有這雙重身份，更顯得更加重要。

　　九、《偽書通考》對《崇文總目》中的辨偽資料，利用得頗
為充分。如《偽書通考》經部・春秋類載：

　　《春秋世譜》一卷，晉杜預撰。《崇文總目》曰：不著
撰人名氏，凡七卷。起黃帝至周見於《春秋》諸國世系，傳
久稍失其次矣。按隋、唐書目《春秋大夫世族譜》十三卷，
顧啟期撰。而杜預《釋例》自有世族譜一卷。今書與《釋例》
所載不同，而本或題云杜預撰者，非也。疑此乃啟期所撰。

所採文獻，按時代先後排列，顯示出《崇文總目》的敘釋在時序

上的領先地位。現今有鄭良樹的續編，附有《偽書通考》所辨各書引用資料的簡表，更可以一目瞭然。

十、《宋史藝文志史部佚籍考》宋代史籍既多，史料更加豐富，本書博採史傳、書目、方志、文集、筆記等，引證之豐富，尤過於姚振宗之《隋書經籍志考證》等。

此書著重於下列數端：

（一）辨《宋史·藝文志》史部各書之存佚情形。

（二）正《宋史·藝文志》史部之謬誤。

（三）據歷代公私藏書目錄，論其亡佚之約略時代；其有輯本者，則考其輯佚所據之書及諸本之異同。

（四）探究佚書撰者之緣由及其內容，俾略知原書之情況。

鈎稽排比，闡幽發微，很見工夫。充分引用《舊唐書·經籍志》、《新唐書·藝文志》和《宋史·藝文志》；《崇文總目》則一如姚氏，未能多加徵引。不過因徵引其他資料既多，而《崇文總目》所著錄的書籍，多見於《宋史·藝文志》。所以，祇要是史部的佚籍，先查考這部佚籍考，便可轉錄於《崇文總目》考釋。

本文所取材料，又所引《崇文總目》敘釋，多採自《玉海》載《文獻通考》，而不從輯釋本轉引。

有志於考釋《崇文總目》者，對《隋書·經籍志》所收的各書，能利用姚氏的考證，經部利用朱彝尊。對《宋史·藝文志》史部的佚籍，能利用本書，藉此就能達到事半功倍之效果。

總而言之，《崇文總目》既然是一部重要的書目，更可以利用四庫所輯《永樂大典》本，錢東垣等輯釋本重加考釋，並參考

《山堂考索》、《隋書經籍志考證》、《宋史藝文志史部佚籍考》等資料，採用趙士煒《中興館閣書目輯考》的方式，必能超越錢輯釋本，而能與趙氏的輯考比美。其中《宋史藝文志史部佚籍考》尤為重要，不僅將其所收的史部佚籍可利用。而這些佚籍的作者生平，也可廣徵史傳、文集等；可供經、子、集三部考釋的參考。

而研治者對宋代書目的考述，如《晁志》、《陳錄》、《通志‧藝文略》、《文獻通考‧經籍考》，《玉海‧藝文》等，都時見專文或專著討論，相形之下，《崇文總目》和《遂初堂書目》便被人忽略。《遂初堂書目》僅有書名，偶著版本，連卷數和撰人姓名也從缺，還不如明代的《文淵閣書目》，注有冊數和完缺字樣。《崇文總目輯釋》，輯得的原釋不多，且甚簡略，因而都不為人重視。

宋人刻書、校書、考訂書籍，成就斐然。其所編的書目，也最為重要，可說是僅次於清代。如能就今存的書目，加以綜合考釋；亡佚的書目，加以輯錄，對辨章學術、考鏡源流，必大有助益。

《崇文總目》雖然得到許多目錄學家的讚許，但也遭到一些人的譏諷，但是《崇文總目》對後世補缺圖書、辨別書之真偽，卻引起了很大的作用。

宋朝崇文三館和秘閣曾多次失火，而補缺圖書全靠《崇文總目》。其次，它的分類著錄的方法，對後世的圖書分類和著錄都產生了很大的影響。《崇文總目》以後所著晁公武《郡齋讀書志》、陳振孫《直齋書錄解題》等私人目錄，都是倣效《崇文總目》的分類著錄方法。而且直到《四庫全書》還是沿用此法，只是更完善而已。

　　因此,《崇文總目》所引起的作用以及它的分類體系和新創
的類目在目錄學史上所引起的影響,我們應該給予恰當的評價,
在我國目錄學史上應給予應有的地位。

參考書目

壹、史料部分

一、（漢）班固撰、（唐）顏師古注，《漢書藝文志》一卷，《中國歷代藝文志》，臺北市：遠東圖書，民國四十五年十一月。

二、（梁）阮孝緒撰，《七錄》序目一卷，《叢書集成續編》第三冊，臺北市：新文豐，民國七十七年。

三、（後唐）劉昫撰，《舊唐書經籍志》二卷，《中國歷代藝文志》，臺北市：遠東圖書，民國四十五年十一月。

四、（唐）杜佑撰，《通典》二百卷，《景印文淵閣四庫全書》第六〇三－六〇五冊，臺北市：臺灣商務，民國七十二年。

五、唐玄宗御撰、（唐）李林甫等注，《唐六典》三十卷，《景印四文淵閣庫全書》第五九五冊，臺北市：臺灣商務，民國七十二年。

六、（唐）長孫無忌、魏徵等撰，《隋書經籍志》四卷，《中國歷代藝文志》，臺北市：遠東圖書，民國四十五年十一月。

七、（宋）王明清撰，《揮麈前錄》四卷、《後錄》十一卷、《三錄》三卷、《餘話》二卷，《景印文淵閣四庫全書》第一〇三八冊，子部・小說類一，臺北市：臺灣商務，民國七十二年。

八、（宋）王堯臣等撰，《崇文總目》十二卷，《景印文淵閣四

庫全書》第六七四冊，史部・目錄類一，臺北市：臺灣商務，
民國七十二年。

九、（宋）王欽若等撰，《冊府元龜》一千卷，臺北市：臺灣中
華，民國五十六年。

十、（宋）王稱撰，《東都事略》一百三十卷，《景印文淵閣四
庫全書》第三八二冊，臺北市：臺灣商務，民國七十二年。

十 一、（宋）王溥撰，《唐會要》一百卷，《景印文淵閣四庫
全書》第六○六－六○七冊，臺北市：臺灣商務，民國
七十二年。

十 二、（宋）王應麟撰，《玉海》二百卷，《景印文淵閣四庫
全書》第九四三－九四八冊，臺北市：臺灣商務，民國
七十二年。

十 三、（宋）王應麟撰，《困學紀聞》二十卷，《景印文淵閣
四庫全書》第八五四冊，臺北市：臺灣商務，民國七十
二年。

十 四、（宋）王應麟撰，《漢書藝文志考證》十卷，《中國歷
代藝文志》，臺北市：遠東圖書，民國四十五年十一月。

十 五、（宋）尤袤撰，《遂初堂書目》一卷，臺北市：廣文，
民國五十六年十二月。

十 六、（宋）江少虞撰，《事實類苑》六十三卷，《景印文淵
閣四庫全書》第八七四冊，子部・雜家類五，臺北市：
臺灣商務，民國七十二年。

十 七、（宋）沈括著，《夢溪筆談》二十六卷，長沙市：岳麓
書社，一九八四年四月，三三○頁。

十　八、（宋）汪藻撰，《浮溪集》三十六卷，《景印文淵閣四庫全書》第一一二八冊，臺北市：臺灣商務，民國七十二年。

十　九、（宋）宋敏求撰，《春明退朝錄》三卷，北京市：中華，一九八〇年九月，五八頁。

二　十、（宋）李攸撰，《宋朝事實》二十卷，臺北市：臺灣商務，民國五十七年三月臺一版。

二十一、（宋）周煇撰，《清波雜誌》十二卷，《景印文淵閣四庫全書》第一〇三九冊，臺北市：臺灣商務，民國七十二年。

二十二、（宋）周密撰，《齊東野語》二十卷，《景印文淵閣四庫全書》子部・雜家類三，臺北市：臺灣商務，民國七十二年。

二十三、（宋）洪邁撰，《容齋隨筆》十六卷、《續筆》十六卷、《三筆》十六卷、《四筆》十六卷、《五筆》十卷，臺北市：臺灣商務，民國六十八年六月臺一版。

二十四、（宋）晁公武撰，《郡齋讀書志》四卷，臺北市：廣文，民國五十六年十二月。

二十五、（宋）晁公武撰，《郡齋讀書志》二十卷，影印清阮元進呈本，宛委別藏所收，此衢州本。

二十六、（宋）孫逢吉撰，《職官分紀》五十卷，《景印文淵閣四庫全書》第九二三冊，臺北市：臺灣商務，民國七十二年。

二十七、（宋）張邦基撰，《墨莊漫錄》十卷，《景印文淵閣四

庫全書》第八六四冊，臺北市：臺灣商務，民國七十二年。

二十八、（宋）黃伯思撰，《東觀餘論》二卷，《景印文淵閣四庫全書》第八五〇冊，子部・雜家類二，臺北市：臺灣商務，民國七十二年。

二十九、（宋）陳振孫撰，《直齋書錄解題》二十二卷，臺北市：廣文，民國五十六年。

三　十、（宋）曾鞏撰，《元豐類稿》五十卷，《景印文淵閣四庫全書》第一〇九八冊，臺北市：臺灣商務，民國七十二年。

三十一、（宋）葉夢得撰，《石林燕語》十卷，《景印文淵閣四庫全書》第八六三冊，子部・雜家類三，臺北市：臺灣商務，民國七十二年。

三十二、（宋）楊萬里撰，《誠齋揮麈錄》一卷，《百川學海》，臺北市：新興，民國五十八年七月新一版。

三十三、（宋）歐陽修撰，《文忠集》一百五十三卷，《景印文淵閣四庫全書》第一一〇二－一一〇三冊，臺北市：臺灣商務，民國七十二年。

三十四、（宋）歐陽修撰，《歐陽修全集》一百五十三卷，臺北市：世界，民國五十年一月。

三十五、（宋）歐陽修撰，《歸田錄》二卷，《景印文淵閣四庫全書》第一〇三六冊，臺北市：臺灣商務，民國七十二年。

三十六、（宋）鄭樵撰，《通志》二百卷，《景印文淵閣四庫全

書》第三七二－三八一冊，臺北市：臺灣商務，民國七十二年。

三十七、（宋）薛居正撰，校勘《舊五代史》一百五十卷、目錄二卷，臺北市：洪氏，民國六十六年。

三十八、（宋）釋文瑩撰，《玉壺清話》十卷，北京市：中華，一九八四年七月，一一七頁。

三十九、（宋）蘇洵撰，《嘉祐集》十六卷，《景印文淵閣四庫全書》第一一〇四，臺北市：臺灣商務，民國七十二年。

四　十、（宋）不著撰人，《楓窗小牘》二卷，《景印文淵閣四庫全書》第一〇三八，子部・小說家類一，臺北市：臺灣商務，民國七十二年。

四十一、（宋）李燾撰，《續資治通鑑長編》五百二十卷，《景印文淵閣四庫全書》第三一四－三二二冊，臺北市：臺灣商務，民國七十二年。

四十二、（宋）程俱撰，《麟臺故事》五卷，《景印文淵閣四庫全書》第五九五冊，史部・職官類一，臺北市：臺灣商務，民國七十二年。

四十三、（宋）程俱撰，《麟臺故事殘本》三卷，臺北市：臺灣商務，民國五十五年。

四十四、（宋）陳騤撰，《南宋館閣錄》十卷、《續錄》十卷，《景印文淵閣四庫全書》第五九五冊，臺北市：臺灣商務，民國七十二年。

四十五、（元）馬端臨撰，《文獻通考》三百四十八卷，《景印文淵閣四庫全書》第六一一－六一六冊，臺北市：臺灣

商務，民國七十二年。

四十六、（元）脫脫等纂，《宋史》四百九十六卷，臺北市：鼎文，民國六十七年九月。

四十七、（元）脫脫等纂，《宋史藝文志》八卷，臺北市：臺灣商務，民國五十五年三月臺一版。

四十八、（明）方以智撰，《通雅》五十二卷，《景印文淵閣四庫全書》第八五七冊，臺北市：臺灣商務，民國七十二年。

四十九、（明）胡應麟撰，《少室山房筆叢》三卷，《景印文淵閣四庫全書》第八八六冊，臺北市：臺灣商務，民國七十二年。

五　十、（明）焦竑撰，《國史經籍志》五卷附錄一卷，《粵雅堂叢書》第五集，臺北市：臺灣華文，民國五十四年五月。

五十一、（明）解縉撰、（民國）郝慶柏輯，《永樂大典書目考》四卷，臺北市：世界，民國五十一年二月。

五十二、（清）丁丙撰，《善本書室藏書目》四十卷、附錄一卷，臺北市：廣文，民國五十六年。

五十三、（清）王鳴盛撰，《十七史商榷》一百卷，臺北市：樂天，民國六十一年五月。

五十四、（清）王聞遠撰，《孝慈堂書目》一卷，《觀古堂書目叢刻》臺北市：廣文，民國六十一年七月。

五十五、（清）永瑢、紀昀等撰，《四庫全書總目提要》二百卷，臺北市：臺灣商務，民國七十二年十月初版。

五十六、（清）永瑢、紀昀等撰，《欽定四庫全書簡明目錄》二
　　　　十卷，臺北市：河洛圖書，民國六十四年三月臺景印。

五十七、（清）永瑢、紀昀等撰，《欽定歷代職官表》七十二卷，
　　　　《景印文淵閣四庫全書》第六〇一冊，臺北市：臺灣商
　　　　務，民國七十二年。

五十八、（清）朱彝尊撰，《經義考》三百卷，臺北市：臺灣中
　　　　華，民國五十四年據揚州馬氏本校刊影印。

五十九、（清）朱彝尊撰，《曝書亭集》八十卷、附錄一卷，《景
　　　　印文淵閣四庫全書》第一三一七－一三一八冊，臺北市：
　　　　臺灣商務，民國七十二年。

六　十、（清）朱學勤撰，《結一廬書目》四卷，《觀古堂書目
　　　　叢刻》臺北市：廣文，民國六十一年七月。

六十一、（清）沈嘉轍撰，《南宋雜事詩》七卷，《景印文淵閣
　　　　四庫全書》第一四七六冊，臺北市：臺灣商務，民國七
　　　　十二年。

六十二、（清）杭世駿撰，《道古堂文集》四十六卷，清乾隆五
　　　　十五年仁和杭氏校刊本。

六十三、（清）范懋柱撰，《天一閣書目》四卷，清嘉慶十三年
　　　　揚州阮元文選樓刊本。

六十四、（清）徐松輯，《宋會要輯稿》十六冊，臺北市：世界，
　　　　民國六十六年五月再版。

六十五、（清）徐乾學撰，《資治通鑑後編》一百八十四卷，《景
　　　　印文淵閣四庫全書》第三四二－三四五冊，臺北市：臺
　　　　灣商務，民國七十二年。

六十六、（清）章學誠撰，《文史通義》十二卷，《粵雅堂叢書》第五集，臺北市：臺灣華文，民國五十四年五月。

六十七、（清）章學誠撰，《校讎通義》三卷，《粵雅堂叢書》第五集，臺北市：臺灣華文，民國五十四年五月。

六十八、（清）張之洞撰，《書目答問》五卷，臺北市：臺灣商務，民國五十七年三月臺一版。

六十九、（清）陸心源撰，《皕宋樓藏書志》一百二十卷、《續志》四卷，臺北市：廣文，民國五十七年。

七　十、（清）陸心源輯，《宋史翼》四十卷，臺北縣：文海，民國五十六年一月臺初版。

七十一、（清）陳夢雷撰、蔣廷錫等奉敕重編校，《古今圖書集成》一萬卷，目錄四十卷，臺北市：鼎文，民國六十六年。

七十二、（清）黃虞稷撰，《千頃堂書目》三十二卷，《景印文淵閣四庫全書》，臺北市：臺灣商務，民國七十二年。

七十三、（清）黃虞稷撰，《宋史藝文志補》一卷，臺北市：世界，民國六十四年。

七十四、（清）畢沅撰，新校《續資治通鑑》二百二十卷，臺北市：世界，民國六十九年十二月三版。

七十五、（清）葉昌熾撰，《藏書紀事詩》七卷，臺北市：世界，民國五十年。

七十六、（清）葉德輝撰，《書林清話》十卷，臺北市：世界，民國五十年九月。

七十七、（清）趙翼撰，《廿二史箚記》三十六卷，臺北市：樂

天，民國六十三年十月再版。

七十八、（清）錢大昕撰，《潛研堂文集》七十卷，臺北市：臺
　　　　灣商務，民國六十七年。

七十九、（清）錢大昕撰，《十駕齋養新錄》二十卷，臺北市：
　　　　臺灣商務，民國四十五年。

八　十、（清）錢大昕撰，《廿二史考異》一百卷，京都：中文，
　　　　一九八〇。

八十一、（清）錢大昕撰，新編《元史藝文志》，《中國歷代藝
　　　　文志》，臺北市：遠東圖書，民國四十五年十一月。

八十二、（清）錢侗等撰，《崇文總目輯釋》五卷，臺北市：廣
　　　　文，民國五十七年三月，二冊。

八十三、（清）瞿鏞編，《鐵琴銅劍樓藏書目錄》二十四卷，臺
　　　　北市：廣文，民國五十六年。

八十四、（清）顧炎武撰，《日知錄》三十二卷，《景印文淵閣
　　　　四庫全書》第八五八冊，臺北市：臺灣商務，民國七十
　　　　二年。

八十五、陳漢章補正，《崇文總目輯釋補正》四卷，《中國歷代
　　　　書目叢刊》第一輯，北京市：現代，一九八〇年。

八十六、江南圖書館編，《江南圖書館書目》一冊，臺北市：廣
　　　　文，民國五十九年。

八十七、河田羆撰，《靜嘉堂秘籍志》五十卷、卷首一卷，日本
　　　　大正六年靜嘉堂排印本。

八十八、趙士煒輯，《中興館閣書目輯考》五卷，《書目類編》，
　　　　臺北市：成文，民國六十七年七月，頁五九一～六三八。

八十九、趙士煒輯，《宋國史藝文志》，《書目類編》，臺北市：
　　　　成文，民國六十七年七月，頁六三九～六六二。

貳、圖書部分

一、上海新四軍歷史研究會印刷印鈔分會編，《雕版印刷源流》，
　　北京市：印刷工業，一九九○年九月，五○○頁。

二、王余光著，《中國歷史文獻學》，臺北市：天肯文化，一九
　　九五年五月，五○六頁。

三、王錦貴主編，《中國歷史文獻目錄學》，北京市：北京大學，
　　一九九四年十二月，三一七頁。

四、中國大百科出版社編輯部編，《中國大百科全書——圖書館
　　學、情報學、檔案學》，北京市：中國大百科，一九九三年
　　一月，六七九頁。

五、中國典籍與文化編輯部編，《中國典籍與文化論叢》第一輯，
　　北京市：中華，一九九三年九月第一版，四九七頁。

六、《中國古典文獻學》，臺北市：木鐸，民國七十二年九月，
　　二七四頁。

七、《中國歷史年代簡表》，北京：文物，一九九四年八月二版，
　　二六三頁。

八、中國圖書館學會主編，《目錄學文獻學論文選》，北京市：
　　書目文獻，一九九一年十二月，三四○頁。

九、中國圖書館學會出版委員會編，《圖書館學》，臺北市：臺
　　灣學生，民國七十三年七月再版，五六六頁。

十、申暢編，《中國目錄學家辭典》，鄭州市：河南人民，一九

八八年，全一冊。

十 一、沈子丞著，《歷代論畫名著匯編》，北京市：文物，一
　　　九八二年，六二九頁。

十 二、汪辟疆著，《目錄學研究》，臺北市：文史哲，民國六
　　　十二年二月再版，一八七頁。

十 三、李瑞良著，《中國目錄學史》，臺北市：文津，民國八
　　　十二年七月，三三一頁。

十 四、李希泌、張椒華編，《中國古代藏書與近代圖書館史料
　　　（春秋至五四前後）》，北京市：中華，一九九二年二
　　　月，五四六頁。

十 五、李萬健著，《中國著名目錄學家傳略》，北京市：書目
　　　文獻，一九九三年六月，二九四頁。

十 六、李玉安、陳傳芸編，《中國藏書家辭典》，武漢市：湖
　　　北教育，一九八九年九月，三七四頁。

十 七、李致忠著，《歷代刻書考述》，成都市：巴蜀書社，一
　　　九九〇年四月，四〇八頁。

十 八、余嘉錫著，《目錄學發微》，臺北市：藝文印書館，民
　　　國六十三年四月，一六八頁。

十 九、來新夏等著，《中國古代圖書事業史》，上海市：上海
　　　人民，一九九〇年四月，三八〇頁。

二 十、來新夏著，《古典目錄學》，北京市：中華，一九九一
　　　年三月，三二七頁。

二十一、來新夏主編，《清代目錄提要》，濟南市：齊魯書社，
　　　一九九七年一月，四八二頁。

二十二、昌彼得著，《版本目錄學論叢（二）》，臺北市：學海，
　　　　民國六十八年八月，三一一頁。

二十三、昌彼得、潘美月著，《中國目錄學》，臺北市：文史哲，
　　　　民國七十五年九月，二五二頁。

二十四、周少川著，《古籍目錄學》，鄭州市：中州古籍，一九
　　　　九六年一月，二四三頁。

二十五、周彥文主編，《中國文獻學》，臺北市：五南，民國八
　　　　十二年七月，四六七頁。

二十六、周彥文著，《中國目錄學理論》，臺北市：臺灣學生，
　　　　民國八十四年九月，一六五頁。

二十七、洪本健編，《歐陽修資料彙編》三冊，北京市：中華，
　　　　一九九五年五月。

二十八、洪湛侯著，《中國文獻學要籍解題》，杭州市：杭州大
　　　　學，一九九七年十一月，三五四頁。

二十九、施金炎編著，《中國書文化要覽（古代部分）》，長沙
　　　　市：湖南教育，一九九二年二月，四二〇頁。

三　十、柳詒徵編著，《中國文化史》三冊，臺北市：正中，民
　　　　國三十七年三月。

三十一、姚名達著，《中國目錄學年表》，臺北市：臺灣商務，
　　　　民國六十年三月臺二版，一七五頁。

三十二、姚瀛艇主編，《宋代文化史》，臺北縣：雲龍，一九九
　　　　五年九月，七二二頁。

三十三、高路明著，《古籍目錄與中國古代學術研究》，南京市：
　　　　江蘇古籍，一九九七年十月，三〇六頁。

三十四、袁詠秋、曾季光主編，《中國歷代圖書著錄文選》，北
　　　　京市：北京大學，一九九五年十月，六五九頁。

三十五、袁詠秋、曾季光主編，《中國歷代國家藏書機構及名家
　　　　藏讀敘傳選》，北京市：北京大學，一九九七年十二月，
　　　　四六一頁。

三十六、徐規主編，《宋史研究集刊》，杭州市：浙江古籍，一
　　　　九八六年四月，四一〇頁。

三十七、徐雁、王燕均主編，《中國歷史藏書論著讀本》，成都
　　　　市：四川大學，一九九〇年七月，七五一頁。

三十八、許世瑛編著，《中國目錄學史》，臺北市：中國文化大
　　　　學出版部，民國七十一年十月新一版，二三四頁。

三十九、梁啟超著，《佛學研究十八篇》，臺北市：臺灣中華，
　　　　民國四十五年五月臺一版，全一冊。

四　十、梁啟超著，《圖書大辭典簿錄之部》，臺北市：臺灣中
　　　　華，民國四十七年六月臺一版，六一頁。

四十一、張秀民著，《中國印刷史》，上海市：上海人民，一九
　　　　八八年八月，八六一頁。

四十二、張治江、王輝主編，《目錄學辭典》，北京市：機械工
　　　　業，一九九〇年八月，三一二頁。

四十三、張旭光編著，《文史工具書評介》，濟南市：齊魯書社，
　　　　一九八六年五月，四七九頁。

四十四、張家璠、閻崇東主編，《中國古代文獻學家研究》，桂
　　　　林市：廣西師範大學，一九九六年六月第一版，五四三
　　　　頁。

四十五、陳登原著，《古今典籍聚散考》，臺北市：河洛圖書，
　　　　民國六十八年五月臺影印初版，五四四頁。

四十六、陳威禎撰，《北宋之徵書與校理》，私立東海大學歷史
　　　　研究所碩士論文，民國六十九年四月，一二六頁。

四十七、馮浩菲著，《中國古籍整理體式研究》，北京市：北京
　　　　圖書館，一九九七年二月，四一五頁。

四十八、彭斐章等編，《目錄學研究文獻匯編》，武昌市：武漢
　　　　大學，一九八四年十二月，七四四頁。

四十九、喬衍琯著，《宋代書目考》，臺北市：文史哲，民國七
　　　　十六年四月，一九八頁。

五　十、喬好勤編著，《中國目錄學史》，武昌市：武漢大學，
　　　　一九九二年六月，四四二頁。

五十一、焦樹安著，《中國古代藏書史話》，臺北市：臺灣商務，
　　　　一九九四年五月，一五四頁。

五十二、程千帆、徐有富著，《校讎廣義——目錄編》，濟南市：
　　　　齊魯書社，一九九八年四月第二版，三七四頁。

五十三、程煥文著，《中國圖書文化導論》，廣州市：中山大學，
　　　　一九九五年十月，四一四頁。

五十四、楊燕起、高國抗主編，《中國歷史文獻學》，北京市：
　　　　北京圖書館，一九八九年九月，三七〇頁。

五十五、趙國璋、潘樹廣主編，《文獻學辭典》，南昌市：江西
　　　　教育，一九九一年一月第一版，一〇五四頁。

五十六、臺灣中華書局編輯部編，《中國歷代經籍典》八冊，臺
　　　　北市：臺灣中華，民國五十九年十月臺一版。

五十七、潘美月著，《宋代藏書家考》，臺北市：學海，民國六
　　　　十九年四月，二四六頁。

五十八、鄭宗榮編著，《社科中文工具書使用》，瀋陽市：遼寧
　　　　教育，一九九七年十一月，四四七頁。

五十九、鄧廣銘等主編，《中國歷史大辭典‧宋史卷》，上海市：
　　　　上海辭書，一九八四年十二月，五四三頁。

六　十、劉兆祐著，《中國目錄學》，臺北市：五南，民國八十
　　　　七年七月，四三四頁。

六十一、劉紀澤著，《目錄學概論》，臺北市：臺灣中華，民國
　　　　七十三年七月臺四版，一〇四頁。

六十二、劉德清著，《歐陽修論稿》，北京市：北京師範大學，
　　　　一九九一年一月，三〇二頁。

六十三、劉簡著，《中文古籍整理分類研究》，臺北市：文史哲，
　　　　民國七十二年二月增訂再版，三六四頁。

六十四、盧震京著，《圖書學大辭典》，臺北市：臺灣商務，民
　　　　國六十八年十月修訂臺二版，全一冊。

六十五、謝灼華等著，《中國圖書和圖書館史》，臺北市：天肯
　　　　文化，一九九五年四月，三八〇頁。

六十六、蕭東發著，《中國圖書》，北京市：新華，一九九一年
　　　　十二月，一六〇頁。

六十七、蕭東發主編，《中國編輯出版史》，瀋陽市：遼寧教育，
　　　　一九九六年十二月，四六八頁。

六十八、羅孟禎著，《中國古代目錄學簡編》，重慶市：重慶，
　　　　一九八三年十一月，二三六頁。

六十九、藤島達朗、野上俊靜編,《中日韓對照年表》,臺北市:
　　　　文史哲,民國七十二年十一月,一五七頁。

參、期刊論文部分

一、王心裁〈從古典目錄學到現代目錄學——中國目錄學產生發
　　展演變的軌跡〉,《圖書館情報工作》一九九九年第四期,
　　頁二～七。

二、王濤〈四部分類法與傳統文化〉,《圖書館理論與實踐》一
　　九九七年第四期,頁一二～一四。

三、王培聚〈《通志·圖譜略》的價值、意義及其地位〉,《圖
　　書館工作與研究》一九九八年第四期,頁四九～五一。

四、王培聚〈《通志·校讎略》的創見及特色〉,《福建圖書館
　　學刊》一九九七年第二期,頁四七～四九。

五、王建生〈歐陽修傳〉,《中國文化月刊》第一三八期,民國
　　八十年四月,頁四三～六三。

六、王巍、徐星〈論北宋發達的官府藏書體系及其特色〉,《圖
　　書館學研究》一九九六年第二期,頁八三～八四。

七、王晟〈宋人在分類和目錄編制上有所創新〉,《河南圖書館
　　學刊》一九八六年第二期,頁三三～四二。

八、公振〈簡論北宋三館秘閣的地位和作用〉,《圖書情報知識》
　　一九八三年第二期,頁四七～五二。

九、江向東〈試論宋代國家圖書館的設置沿革和職能〉,《內蒙
　　古圖書館工作》一九八六年第四期,頁五～九。

十、宋立民〈北宋時期的校讎機構及其制度〉,《古籍整理研究

學刊》一九八六年第三期，頁一一〇～一一六。

十 一、杜文才〈歐陽修藏書題跋略論〉，《福建圖書館學刊》
　　　　一九九七年第一期，頁五四、一五。

十 二、杜定友〈類例論〉，《圖書館學季刊》第二卷第四期，
　　　　民國十七年十二月，頁五二五～五四三。

十 三、李圖〈歐陽修與《崇文總目》修撰考〉，《晉圖學刊》
　　　　一九八六年第三期，頁五六～五八。

十 四、李婷〈宋代館職考略〉，《福建圖書館學刊》一九九七
　　　　年第三期，頁五〇～五一、二二。

十 五、李婷〈談談宋代館閣藏書的詔求之道〉，《津圖學刊》
　　　　一九九八年第二期，頁一二二～一二四。

十 六、李婷〈兩宋時期的館閣藏書機構〉，《北京圖書館通訊》
　　　　一九八九年第三期，頁七一～七八。

十 七、李婷〈略論宋代館閣藏書的基本來源〉，《江蘇圖書館
　　　　學報》一九九七年第二期，頁四六～四九。

十 八、林範三〈宋代圖書館小史〉，《廣州大學圖書館季刊》
　　　　第一卷第二期，民國十一年九月，頁三六七～三七二。

十 九、邱進友〈對宋代《崇文總目》的探討〉，《圖書館學研
　　　　究》一九九七年第四期，頁八七～八九。

二 十、周駿富〈北宋館閣典校圖籍考〉，《國立臺灣大學文史
　　　　哲學報》第二十二期，民國六十二年六月，頁三〇五～
　　　　三四七。

二十一、柯平〈史學家與目錄學〉，《河南圖書館季刊》一九八
　　　　四年第二期，頁五一～五四。

二十二、袁同禮〈宋代私家藏書概論〉，《圖書館學季刊》第二
　　　　卷第二期，民國十七年三月，頁一七九～一八七。

二十三、徐達琦〈我國唐宋時期目錄學的主要成就〉，《四川圖
　　　　書館學報》一九九七年第一期，頁七八～八〇。

二十四、翁同文〈印刷術對書籍成本的影響〉，《清華學報》第
　　　　六卷第一期，民國五十六年十二月，頁三五～四一。

二十五、師曾志〈宋代私家藏書目錄淺析〉，《晉圖學刊》一九
　　　　九〇年第二期，頁六四～六六。

二十六、倪士毅〈北宋官修目錄－崇文總目〉，《宋史研究集刊》
　　　　一九八六年四月，頁三三一－三四〇。

二十七、許志潔〈《崇文總目》、《郡齋讀書志》、《直齋書錄
　　　　解題》三書體例之異同〉，《幼獅月刊》第四十六卷第
　　　　五期，頁三四～三七。

二十八、梁容若〈中國歷代佚亡典籍的總合觀察〉，《東海學報》
　　　　第九卷第二期，民國五十七年七月，頁一九～三〇。

二十九、梁啟超〈佛家經錄在中國目錄學上的位置〉，《圖書館
　　　　學季刊》第一卷第一期，民國十五年一月，頁三～二九。

三　十、黃潮宗〈宋代的國立圖書館〉，《大陸雜誌》第四十六
　　　　卷第二期，民國六十二年二月，頁二〇～三六。

三十一、黃素欽〈試論宋代私家藏書目錄〉，《福建圖書館學刊》
　　　　一九九八年第三期，頁三四～三六。

三十二、張樹華〈中國古代藏書的管理制度和管理方法〉，《圖
　　　　書館雜誌》一九九一年第五期，頁一七～一九。

三十三、陳守義〈兩宋目錄學的發展〉，《史學》第十九期，民

國八十二年六月，頁一〇九～一二六。

三十四、陳垣〈與畢業同學談談我的一些讀書經驗〉，《中國青年》第十六期，一九六一年，頁二～三。

三十五、陳樂素〈宋初三館考〉，《圖書季刊》第三卷第三期，民國二十五年九月，頁一〇七～一一六。

三十六、陳紅豔〈北宋官府校勘古籍述論〉，《津圖學刊》一九九三年第三期，頁一二五～一三六。

三十七、曾貽芬、崔文印〈宋代的文獻收集與官方藏書目〉，《史學史研究》一九九一年第三期，頁五四～六〇。

三十八、喬衍琯〈崇文總目考略〉，《國立政治大學學報》第五十二期，民國七十四年十二月，頁一～二九。

三十九、喬衍琯〈宋代目錄學概述〉，《圖書與圖書館》第三輯，民國六十六年四月，頁四九～五六。

四　十、喬衍琯〈崇文總目輯本勘異〉，《故宮學術季刊》第四卷第四期，民國七十六年，夏季，頁一五～四四。

四十一、喬好勤〈試論歐陽修在目錄學上的主要成就及其貢獻〉，《吉林省圖書館學會會刊》一九八〇年第四期，頁一一一～一一六。

四十二、喬好勤〈宋代目錄學思想簡論〉，《圖書與情報》一九九二年第二期，頁一三～一九。

四十三、傅振倫〈編輯中國史籍書目提要之商榷〉，《圖書館學季刊》第七卷第二期，民國二十二年六月，頁二二三～二五〇。

四十四、傅榮賢〈論中國古籍分類〉，《圖書館理論與實踐》一

九九六年第四期，頁二四～二七。

四十五、傅榮賢〈鄭樵目錄學思想的理論背景〉，《福建圖書館學刊》一九九七年第三期，頁四六～四八、一八。

四十六、葛光、禹成明〈宋代圖書館事業發展初探〉，《山東圖書館季刊》一九八五年第二期，頁三八～四二。

四十七、趙士煒〈宋國史藝文志輯本序〉，《圖書館學季刊》第七卷第二期，民國二十二年六月，頁三四〇～三四二。

四十八、趙士煒〈宋中興國史藝文志輯佚〉，《國立北平圖書館館刊》第六卷第四號，民國二十一年七、八月，頁二一～四四。

四十九、趙其莊〈古代圖書分類體系與我國傳統學術的知識形態〉，《大學圖書館學報》一九九八年第四期，頁三三～三五。

五　十、潘天禎〈北宋崇文院的建院目的和藏書利用〉，《圖書館（北京）》一九六三年第一期，頁五五～六二。

五十一、鄭偉章〈唐代藏書機構考〉，《津圖學刊》一九八四年第一期，頁一二四～一三二。

五十二、鄭偉章〈（續）唐代藏書機構考〉，《津圖學刊》一九八四年第二期，頁一一六～一二二。

五十三、劉子明〈宋代的目錄學成就及其發展的原因〉，《圖書館學研究》一九八八年第三期，頁八一～八五。

五十四、蕭魯陽〈北宋目錄事業的發展與校勘學的關係〉，《中州學刊》一九八二年第六期，頁一一八～一二一。

五十五、蕭魯陽〈歐陽修在古籍整理上的貢獻〉，《史學月刊》

一九八三年第二期，頁三八～四二。

五十六、蕭魯陽〈北宋官書整理事業的特點〉，《上海師範學院
　　　　學報》一九八二年第一期，頁七七～七九、九九。

五十七、蕭魯陽〈北宋校書的方法〉，《河南圖書館季刊》一九
　　　　八二年第三期，頁四三～四五。

五十八、盧賢中〈我國古代的佛經目錄〉，《江蘇圖書館學報》
　　　　一九九二年第一期，頁四六～四七。

五十九、錢亞新〈我國四種公藏目錄研探〉，《圖書館》一九八
　　　　五年第四期，頁一～一三。

六　十、錢穆〈歐陽修新五代史與新唐書〉，《錢賓四先生全集》
　　　　第三十三冊《中國史學名著》，民國八十四年，頁二四
　　　　七－二六五。

六十一、應裕康〈鄭樵及其目錄學〉，《故宮學術季刊》第十卷
　　　　第三期，民國八十二年春季，頁九五～一三一。

六十二、謝德雄〈宋代目錄學的發展及其成就〉，《目錄學論文
　　　　選》，頁二二七～二三五。

六十三、薛志斌〈北宋國家藏書機構——崇文院〉，《河南圖書
　　　　館季刊》一九八二年第三期，頁二八～二九。

六十四、羅偉倫〈藏書樓與衙門之間——北宋崇文院淺談〉，《圖
　　　　書館學刊（輔大）》第十一期，民國七十一年十二月，
　　　　頁七二～八一。

六十五、嚴佐之〈目錄學對古籍整理的功用〉，《圖書館雜誌》
　　　　一九八二年第四期，頁一九～二一。

附　錄

書影一：（清）四庫輯本《崇文總目》十二卷「儒家類」

孟子七卷闕

趙岐注

孟子十四卷

曾子二卷

晏子春秋十二卷

晏子八篇今亡此書蓋後人採嬰行事為之以為嬰撰則非也

共四十四部計三百二十卷

欽定四庫全書

崇文總目
卷五

言或破碎於大道然計其作者之意要之孔氏不殊焉

扶而大本一作之歷世諸子轉相祖述自名一家異端其

旻無以為法故自孟軻揚雄荀況鄉一作之徒又駕其說

仲尼之業垂之六經其道闊博君人治物百王之用微

儒家類二十四以下原卷

崇文總目卷五

宋　王堯臣等　撰

欽定四庫全書

書影二：（清）四庫輯本《崇文總目》十二卷「正史類」

欽定四庫全書

崇文總目卷三

正史類 以下原缺九

　　　宋　王堯臣等　撰

昔孔子刪書上斷堯典下記秦誓著為百篇觀其堯舜
之際君臣相與吁俞和諧於朝而天下治三代以下約
末賞罰而民莫敢違考其典謨誓命之文純深簡質丁
寧委曲為體不同周衰史廢春秋所書尤謹密矣非惟
賞賢罰罪而民莫敢違考其典謨誓命之文純深簡質
史有詳略押由時君功德薄厚異世而殊文哉自司馬
氏上採黃帝迄於漢武始成史記之一家由漢以來千
有餘歲其君臣善惡之跡史氏詳焉雖其文質不同要
其治亂興廢之本可以考焉
共三十部計二千一百六十二卷
史記一百三十卷
史記八十七卷
　　唐陳伯宣注因裴駰說有所未悉顧增損焉然多取

書影三：（清）錢侗等輯《崇文總目輯釋》五卷「易類」

崇文總目卷一

宋　王堯臣等　編次

嘉定　錢東垣　輯釋

易類

共二十八部計一百七十一卷

東垣按玉海引崇文目七十一作七十八云

始于歸藏終于言象外傳

又按漢書藝文志隋書經籍志唐書經籍志唐書宋史藝

總數皆在目後舊唐書經籍志唐書宋史藝

文志無敍而總數亦列于後惟文獻通攷經

籍類敍數並在目前此書天一閣鈔本但有

總數在前而敍久散佚今從歐陽文忠公集

輯錄各敍因依前志之例次每類後其總數

則編次時已列于前故仍舊本錄之

《崇文總目卷一》
後知不足齋校刊

歸藏三卷　原注晉太尉參軍薛正淳隋書有十三

篇今但存初經筮母本著三篇文多闕亂不可詳

解見文獻

東垣按馬貴與所引總目玉海鯊文類引作

中興書目未知孰是薛正本名貞此避仁宗

嫌名

書影四：（清）錢侗等輯《崇文總目輯釋》五卷「總集類」

崇文總目卷五

宋　王堯臣等　編次

嘉定　秦　鑑　輯釋

總集類上

共七十三部計二千六百三十九卷

鑑按今核計實二千七百二十八卷

楚詞十七卷　王逸注

文選三十卷　[原釋]呂延濟注　見天一閣鈔本

文選六十卷　梁太子統編　[原釋]唐李善四五臣

而自爲注　見東觀餘論　《崇文總目卷五》　二硫知不足齋校刊

鑑按黃長睿校正崇文總目云按李善注在五臣前此云因五臣而自爲注非是

東漢文類三十卷　賀嚴編

鑑按舊本嚴爲作儼今校改唐志亦作儼

上清文苑四十卷

鑑按玉海引崇文目同

文苑英華一千卷　[原釋]宋白等奉詔撰采前世諸

儒雜著之文華靡　見文苑英

文粹五十卷　姚鉉編

鑑按塵史及通攷宋志並一百卷讀書志及

國家圖書館出版品預行編目(CIP) 資料

宋代<<崇文總目>>之研究/張圍東著. -- 初版. -- 臺
　　北市 : 元華文創股份有限公司,2024.04
　　面；　　公分

　　ISBN 978-957-711-351-1 (平裝)

　　1.CST: 崇文總目　2.CST: 藏書目錄　3.CST: 研究考
　　訂

018.12　　　　　　　　　　　　　　　112020078

宋代《崇文總目》之研究

張圍東　著

發 行 人：賴洋助
出 版 者：元華文創股份有限公司
聯絡地址：100 臺北市中正區重慶南路二段 51 號 5 樓
公司地址：新竹縣竹北市台元一街 8 號 5 樓之 7
電　　話：(02) 2351-1607　　傳　真：(02) 2351-1549
網　　址：www.eculture.com.tw
E－m a i l：service@eculture.com.tw
主　　編：李欣芳
責任編輯：立欣
行銷業務：林宜葶
出版年月：2024 年 04 月 初版
定　　價：新臺幣 450 元

ISBN：978-957-711-351-1 (平裝)

總經銷：聯合發行股份有限公司
地　　址：231 新北市新店區寶橋路 235 巷 6 弄 6 號 4F
電　話：(02)2917-8022　　　　傳　真：(02)2915-6275